职业技能等级认定培训教材

企业人力资源管理师

（二级）辅导练习

上海职业技能等级认定培训教材编委会　组织编写

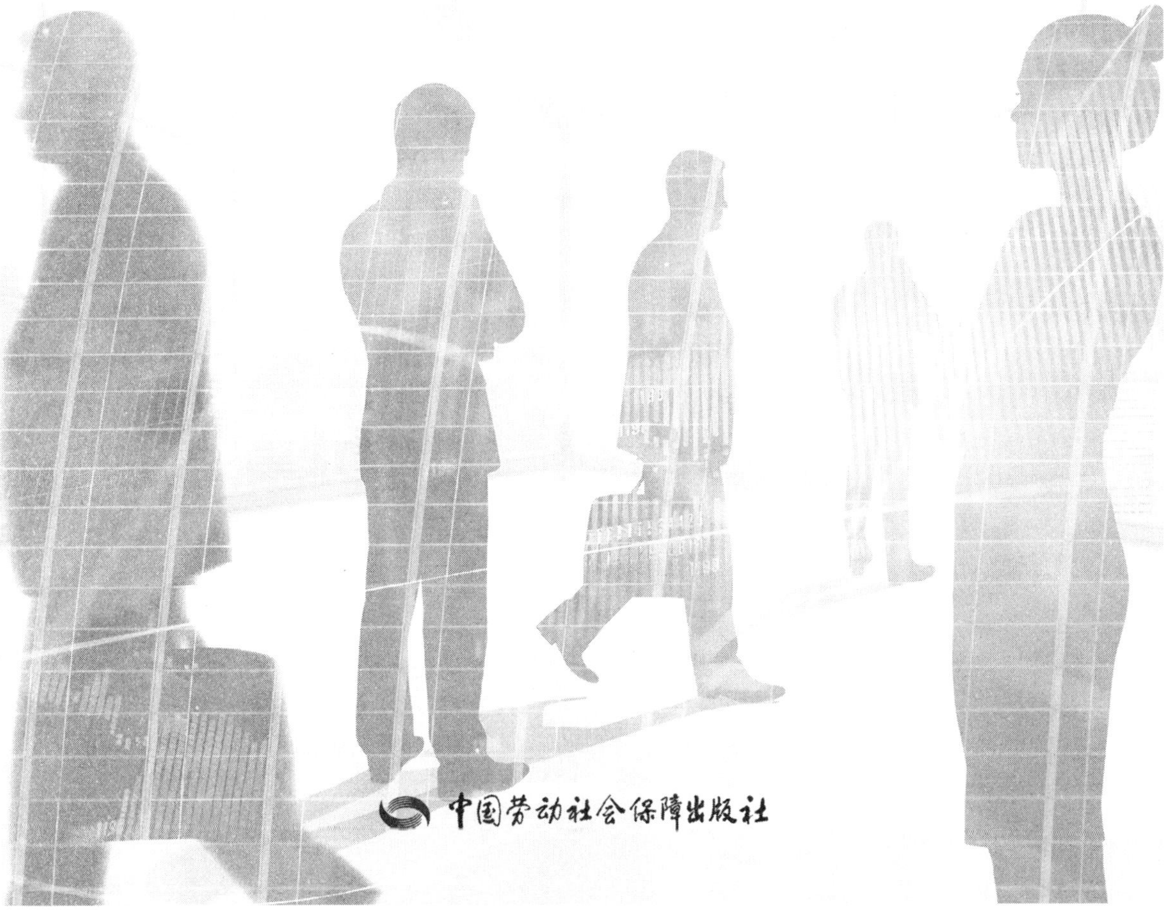

中国劳动社会保障出版社

图书在版编目（CIP）数据

企业人力资源管理师（二级）辅导练习/上海职业技能等级认定培训教材编委会组织编写．-- 北京：中国劳动社会保障出版社，2024
职业技能等级认定培训教材
ISBN 978-7-5167-6307-0

Ⅰ.①企…　Ⅱ.①上…　Ⅲ.①企业管理-人力资源管理-职业技能-鉴定-习题集　Ⅳ.①F272.92-44

中国国家版本馆CIP数据核字（2024）第040419号

中国劳动社会保障出版社出版发行

（北京市惠新东街1号　邮政编码：100029）

*

北京市科星印刷有限责任公司印刷装订　　新华书店经销

787毫米×1092毫米　16开本　8.75印张　189千字
2024年3月第1版　2024年3月第1次印刷
定价：25.00元

营销中心电话：400-606-6496
出版社网址：http://www.class.com.cn

版权专有　　侵权必究

如有印装差错，请与本社联系调换：（010）81211666

我社将与版权执法机关配合，大力打击盗印、销售和使用盗版图书活动，敬请广大读者协助举报，经查实将给予举报者奖励。
举报电话：（010）64954652

编 审 人 员

主 编：任余礼

编 者：李旭旦　林志军　任中玥

主 审：王海玲

内容简介

为推进技能人才评价制度改革，全面推行职业技能等级制度，加快推进职业技能等级认定工作，上海职业技能等级认定培训教材编委会组织有关专家编写了企业人力资源管理师职业技能等级认定培训教材。

本书按单元进行编写，每个"单元"与教材中的"篇"相对应，提供有针对性的辅导练习题。辅导练习题配有答案，便于读者检验和巩固所学的内容。

本书依据上海企业人力资源管理师（二级）职业技能等级认定培训教材和认定细目组织编写，是教材的配套用书，为读者学习教材核心内容，检验所学知识和技能提供有益的帮助，适用于职业技能等级认定培训和中短期职业技能培训。

前言

为贯彻中共中央、国务院《新时期产业工人队伍建设改革方案》《关于分类推进人才评价机制改革的指导意见》精神,落实人力资源社会保障部办公厅《关于开展职业技能等级认定试点工作的通知》要求,加快推进职业技能等级认定工作,进一步规范培训管理,提高培训质量,上海职业技能等级认定培训教材编委会组织有关专家编写了企业人力资源管理师职业技能等级认定培训教材(以下简称企业人力资源管理师等级教材)。

企业人力资源管理师等级教材紧贴《企业人力资源管理师国家职业技能标准(2019年版)》要求,在结构上按照职业功能模块编写,不但有助于读者通过等级认定,而且有助于读者真正掌握本职业的核心技术与操作技能。

企业人力资源管理师等级教材共包括《企业人力资源管理师(四级)》《企业人力资源管理师(三级)》《企业人力资源管理师(二级)》《企业人力资源管理师(一级)》《企业人力资源管理师(四级)辅导练习》《企业人力资源管理师(三级)辅导练习》《企业人力资源管理师(二级)辅导练习》《企业人力资源管理师(一级)辅导练习》8本。《企业人力资源管理师(四级)》《企业人力资源管理师(三级)》《企业人力资源管理师(二级)》《企业人力资源管理师(一级)》内容涵盖了相应级别企业人力资源管理师应掌握的理论知识和操作技能。

企业人力资源管理师等级教材在编写过程中得到了

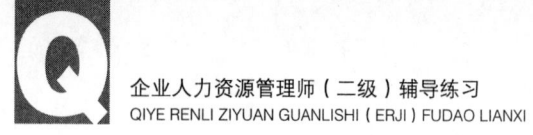

上海市技师协会等单位的大力支持与协助,在此一并表示衷心的感谢。

教材编写是一项探索性工作,由于时间紧迫,不足之处在所难免,欢迎各使用单位及个人对教材提出宝贵意见和建议,以便教材修订时补充更正。

Contents

目录 | 企业人力资源管理师（二级）辅导练习

第一单元　人力资源规划

一、学习要求　　　　　　　　　　002
二、职业技能等级认定要点　　　　002
三、练习题　　　　　　　　　　　004
四、参考答案　　　　　　　　　　013

第二单元　招聘与配置

一、学习要求　　　　　　　　　　018
二、职业技能等级认定要点　　　　018
三、练习题　　　　　　　　　　　020
四、参考答案　　　　　　　　　　029

第三单元　培训与开发

一、学习要求　　　　　　　　　　034
二、职业技能等级认定要点　　　　034
三、练习题　　　　　　　　　　　035
四、参考答案　　　　　　　　　　046

第四单元　绩效管理

一、学习要求　　　　　　　　　　050
二、职业技能等级认定要点　　　　050
三、练习题　　　　　　　　　　　051
四、参考答案　　　　　　　　　　061

第五单元　薪酬管理

一、学习要求　　　　　　　　　　　　066
二、职业技能等级认定要点　　　　　　066
三、练习题　　　　　　　　　　　　　068
四、参考答案　　　　　　　　　　　　078

第六单元　劳动关系管理

一、学习要求　　　　　　　　　　　　082
二、职业技能等级认定要点　　　　　　082
三、练习题　　　　　　　　　　　　　083
四、参考答案　　　　　　　　　　　　093

企业人力资源管理师（二级）认定方案　　　097

专业知识模拟试卷（一）　　　　　　　098

专业知识模拟试卷（一）参考答案　　　110

专业知识模拟试卷（二）　　　　　　　111

专业知识模拟试卷（二）参考答案　　　123

专业操作模拟试卷　　　　　　　　　　124

专业操作模拟试卷参考答案　　　　　　127

1

第一单元

人力资源规划

一、学习要求

通过本单元的学习，学员应掌握人力资源战略与规划、规划编制与实施、规划评价与控制相关知识；掌握组织设计、组织诊断、工作再设计的概念、特点和方法；掌握人力资源预算管理和人力资源信息化管理相关知识。

二、职业技能等级认定要点

【理论知识部分】

认定范围	认定点	知识点	重要性系数
人力资源规划组织管理	人力资源战略与规划	人力资源战略	9
		人力资源战略与人力资源规划	
		人力资源规划的功能	
	人力资源规划编制与实施	人力资源规划编制的目的	9
		人力资源规划编制的原则	
		人力资源规划编制的内容	
		人力资源规划编制的影响因素	
		人力资源规划实施的监控	
	人力资源规划评价与控制	人力资源规划评价与控制的内容	5
		人力资源规划评价与控制的过程	
组织设计与工作再设计	组织设计	组织设计的影响因素	5
		组织设计的实施	
	组织诊断	组织调查	9
		组织分析	
		组织诊断的原则	
		组织诊断的内容	
		组织诊断的实施	
	工作再设计	工作再设计的思想	9
		工作再设计的方法	
		从工作再设计到业务流程再造	
		人力资源流程再造	

续表

认定范围	认定点	知识点	重要性系数
人力资源预算管理	人力资源费用预算	人力资源费用的构成	5
		人力资源费用预算的原则	
		人工成本预算	
		人力资源管理费用预算	
	人力资源费用预算审核与控制	人力资源费用预算审核	5
		人力资源费用支出控制	
人力资源信息化管理	人力资源信息化管理概述	电子化人力资源管理的概念	5
		电子化人力资源管理的优势	
		实施电子化人力资源管理需要处理的关系	
	人力资源管理信息系统建立	人力资源管理信息系统建立的原则	5
		人力资源管理信息系统建立时需要考虑的内容	
		人力资源管理信息系统的类型	
		人力资源管理信息系统建立的步骤	
	人力资源管理数字化转型	数字化转型的社会经济背景	5
		信息化与数字化的区别	
		信息化与数字化的特征	
		人力资源管理数字化趋势	
		人力资源管理数字化转型的思路	

【技能部分】

序号	认定内容	重要性系数
1	根据组织现状编制与实施人力资源战略规划	9
2	根据企业发展战略组织设计与编制人员配置计划	9
3	按照组织变革的要求完善人力资源管理制度和人力资源管理信息系统	5
4	根据企业组织结构分析职位与评估岗位	5

三、练习题

【理论知识部分】

（一）判断题（下列表述正确的请画"√"，错误的请画"×"）

1. 人力资源战略和人力资源规划既相互适应又相互融合，共同形成对企业整体战略的适应与支撑。（   ）
2. 人力资源对企业总体战略的实现具有重要意义，现实中人力资源战略与企业战略一定是一致的。（   ）
3. 对人力资源战略一般有两种理解：一种是将人力资源战略理解为市场定位过程；另一种是将人力资源战略理解为管理过程。（   ）
4. 人力资源规划已经从以前一项单独的人力资源管理职能逐渐转变为人力资源战略整体框架的一个组成部分。（   ）
5. 人力资源管理的目标主要是与企业长远战略目标相一致。（   ）
6. 传统人力资源规划偏重于定性分析人力资源规划的模型，目的是保证找到适当类型的劳动者。（   ）
7. 人力资源规划的功能之一是帮助企业降低用人成本。（   ）
8. 人力资源规划解决的核心问题是企业与员工的共同发展。（   ）
9. 人力资源规划是同时面向企业和员工的规划。（   ）
10. 人力资源规划编制的适应变化原则是指只有有效地保证了对企业的人力资源供给，才能进行更深层次的人力资源管理与开发。（   ）
11. 企业发展战略的着眼点并不在于未来要做什么，而在于现在应该做什么。（   ）
12. 成长型企业的人力资源战略一般注重员工队伍规模扩大。（   ）
13. 一般来说企业利润的变化与人力资源需求成反比例关系。（   ）
14. 对人力资源规划进行评价与控制时，不能只对关键控制点进行评价和控制，而要对所有环节进行评价和控制。（   ）
15. 要判断人力资源规划的制定与实施能否真正实现人力资源规划的目标，人力资源规划的评价和控制起着重要的保证作用。（   ）
16. 对人力资源规划实施层面的评价与控制往往持续时间很长，有时候可能会持续几十年。（   ）
17. 人力资源规划的实施有明显的企业特点，因此不同企业开展的人力资源规划评价与控制基本没有共通点。（   ）
18. 人力资源规划评价与控制过程的最后一个步骤是采取修正措施和应变手段。（   ）
19. 人力资源规划评价与控制的第二步是衡量分析实际人力资源规划效益。（   ）
20. 人力资源规划的效益评价过去往往更多地偏向于定性分析。（   ）
21. 权变的组织设计思想以系统的、动态的观点来思考和设计组织。（   ）
22. 按照迈尔斯和斯诺的企业战略理论，处于稳定环境的企业应该采用柔性分权化组织结构。（   ）

23. 根据钱德勒的企业战略发展阶段理论，处于产品多样阶段的企业，组织设计的目标是扩大组织规模。（   ）
24. 根据哈佛大学葛瑞纳教授的企业生命周期理论，官僚化在规范化阶段开始出现。（   ）
25. 企业愿景包括企业的核心意识形态和一个生动的未来前景。（   ）
26. 在组织设计的实施阶段，需要寻求企业内部的资源支持，并建立协调机制。（   ）
27. 组织设计新方案的总体效果一般很难全面衡量。（   ）
28. 组织诊断时，只能应用系统方法论，而不能应用非系统方法论。（   ）
29. 在组织诊断的正式诊断实施阶段，要全面了解企业的组织结构、制度管理、经营状况等。（   ）
30. 在开展正式组织诊断前，一般先进行预备诊断。（   ）
31. 在组织诊断的预备诊断阶段，将分部门对企业的运营情况进行调查，分析后提出管理建议。（   ）
32. 诊断报告及管理改善建议书是组织诊断最重要和最有价值的成果。（   ）
33. 工作再设计的根本要义是"让员工参与，重在改进"。（   ）
34. 工作再设计强调以任务为导向和以价值为导向的工作设计思想。（   ）
35. 以任务为导向的工作设计的核心思想是泰勒的科学管理理论。（   ）
36. 泰勒科学管理理论的核心是如何使工作更加多产和高效。（   ）
37. 工作轮换会增加企业的培训成本。（   ）
38. 工作扩大化方法克服了专业化过强、工作多样性不足的缺点，激发了员工的积极性，培养了员工的挑战意识。（   ）
39. 组合工作任务就是尽可能将独立的和不同的工作合为一个整体，是工作丰富化的举措之一。（   ）
40. 尽可能给生产者计划、参与和控制自己工作的权力，是工作专业化的举措之一。（   ）
41. 工作专业化的特点之一是对员工技术要求高，有利于员工在不同岗位间的轮换，可以节省培训费用。（   ）
42. 工作再设计的层次包括组织层次、经营层次和实施层次。（   ）
43. 涉及组织层面的工作再设计称为企业流程再造。（   ）
44. 实施层次的工作再设计，主要目的是缓解工作压力。（   ）
45. 人力资源流程再造包括组织结构的优化和人力资源管理业务模块的流程优化。（   ）
46. 人工成本指企业在一个生产经营周期内支付给员工的全部费用。（   ）
47. 从企业整体出发，关注不同预算项目之间的内在联系，防止整体预算失衡，是人力资源费用预算的客观准确原则。（   ）
48. 人力资源费用预算审核的基本要求包括合理性、准确性和可比性。（   ）
49. 小企业或新成立的企业可以使用资料库类型的人力资源信息管理系统。（   ）

50. 人力资源数字化转型包括打造数字化工作场所、数字化人力资源运营和数字化决策三个方面。（　　）

● (二) 单项选择题（下列每题的选项中，只有1个是正确的，请将其代号填在括号内）

1. 企业一般经营计划会制约（　　）。
   A. 人力资源战略　　　　　　　B. 人力资源规划
   C. 人力资源行动方案　　　　　D. 人力资源战略与规划

2. 企业预算方案会制约（　　）。
   A. 人力资源战略　　　　　　　B. 人力资源规划
   C. 人力资源行动方案　　　　　D. 人力资源战略与规划

3. 企业的发展和员工的发展互相依托、互相促进是指人力资源规划编制的（　　）原则。
   A. 适应变化　　B. 共同发展　　C. 内外兼顾　　D. 供需平衡

4. 编制人力资源规划应充分考虑企业内部环境和外部环境的变化，是人力资源规划编制的（　　）原则。
   A. 适应变化　　B. 确保变化　　C. 共同发展　　D. 统筹兼顾

5. 阐述每个职位的人员数量、人员职位变动情况、职位空缺数量等是指（　　）。
   A. 人员配置计划　　　　　　　B. 职位计划
   C. 各部门人员需求　　　　　　D. 确定部门员工编制数量

6. 编制（　　）的目的是描述企业未来的人员数量和素质构成。
   A. 人员配置计划　　　　　　　B. 职位计划
   C. 各部门人员需求　　　　　　D. 确定部门员工编制数量

7. 编制（　　）的目的是描述企业未来的组织职能规模和模式。
   A. 人员配置计划　　　　　　　B. 职位计划
   C. 各部门人员需求　　　　　　D. 确定部门员工编制数量

8. （　　）是人力资源规划中最困难和最重要的部分。
   A. 编制人员配置计划　　　　　B. 编制职位计划
   C. 预测各部门人员需求　　　　D. 确定部门员工编制数量

9. （　　）企业的人力资源战略着眼于员工队伍素质提高和结构优化。
   A. 成长型　　B. 成熟型　　C. 衰退型　　D. 创业型

10. 根据钱德勒的理论，（　　）的企业战略发展目标是扩大组织规模。
    A. 数量扩大阶段　　　　　　　B. 地区开拓阶段
    C. 纵向联合发展阶段　　　　　D. 产品多样阶段

11. 根据迈尔斯和斯诺的企业战略类型划分，规范化和灵活性并举的组织结构一般出现在（　　）情况下。
    A. 企业处于稳定的外部环境
    B. 外部环境动荡，需要不断创新
    C. 外部环境动荡，但目标灵活

D. 无法及时应对环境变化只能被动作出反应
12. 在实施组织设计时,创造企业愿景应该在(　　)完成。
   A. 准备阶段　　B. 动员阶段　　C. 实施阶段　　D. 评估阶段
13. 组织设计效果的评估主要包括对组织设计实现的结果进行评估和(　　)。
   A. 对组织设计的设计过程进行评估
   B. 对组织设计的实现过程进行评估
   C. 对组织设计的后续影响进行评估
   D. 对组织设计的市场反应进行评估
14. 组织分析中的(　　)是确定各管理层次、各管理部门的职责与权力的重要依据。
   A. 关系分析　　B. 职能分析　　C. 决策分析　　D. 运行分析
15. 组织分析中的(　　)是指对管理层次间、各部门职能间相互关系的分析。
   A. 职能分析　　B. 决策分析　　C. 关系分析　　D. 运行分析
16. 组织诊断时,要掌握各行各业的健康标准,是组织诊断的(　　)。
   A. 系统原则　　　　　　B. 调查原则
   C. 健康标准原则　　　　D. 动态跟踪原则
17. 关于以任务为导向的工作设计思想的描述错误的是(　　)。
   A. 以任务为导向的工作设计思想主张技能多样化
   B. 在特定情况下,以任务为导向的工作设计是最有效的
   C. 以任务为导向的工作设计的优点是工作简单明了、易于操作
   D. 以任务为导向的工作设计的优点是提高了工作安全性和确定性
18. 关于以人为导向的工作设计思想的描述错误的是(　　)。
   A. 以人为导向的工作设计的核心是如何使工作更加多产和高效
   B. 以人为导向的工作再设计考虑了人的需求
   C. 以人为导向的工作再设计是在人权解放斗争中建立起来的
   D. 以人为导向的工作设计主张技能多样化、工作丰富化
19. (　　)又称交叉培训法,是指把感到工作不再具有挑战性和激励性的员工调动到另一个岗位上去。
   A. 工作轮换　　B. 工作扩大化　　C. 工作丰富化　　D. 工作专业化
20. (　　)通过增加员工工作数量、丰富工作内容,使工作本身变得多样化。
   A. 工作轮换　　B. 工作扩大化　　C. 工作丰富化　　D. 工作专业化
21. (　　)改变工作内容和责任层次,旨在向员工提供更具挑战性的工作,是对工作责任的垂直深化。
   A. 工作轮换　　B. 工作扩大化　　C. 工作丰富化　　D. 工作专业化
22. 工作过程与企业目标不匹配是导致不满意绩效的(　　)原因。
   A. 组织层次　　B. 经营层次　　C. 实施层次　　D. 职位层次
23. (　　)不是组织层次工作再设计的内容。
   A. 业务重组　　B. 财务重组　　C. 组织重组　　D. 工作重组
24. 人力资源流程再造的支撑是(　　)。

A. 高素质的人才 B. 信息技术
C. 沟通渠道 D. 工作分析

25. 电子化人力资源管理的最终目的是（ ）。
A. 改进管理方式 B. 优化人力资源管理
C. 革新企业管理理念 D. 打造数字化工作场所

（三）多项选择题（下列每题的选项中，至少有2个是正确的，请将其代号填在括号内）

1. 人力资源是与（ ）并列的企业管理的主要子系统。
   A. 市场营销 B. 财务会计
   C. 生产制造 D. 企业文化
   E. 竞争策略

2. 企业一般的战略过程包括（ ）等方面。
   A. 战略计划 B. 执行计划
   C. 经营计划 D. 战略评估
   E. 预算方案

3. 企业的战略计划一般包括（ ）等内容。
   A. 明确宗旨 B. 建立目标
   C. 评价优势和劣势 D. 制定战略
   E. 制定方案

4. 人力资源规划的功能主要包括（ ）。
   A. 帮助企业降低人工成本 B. 实现人力资源管理职能
   C. 实现企业内部公平 D. 企业管理的重要依据
   E. 充分调动员工的积极性

5. 从狭义上来说，人力资源规划编制的主要目的在于（ ）。
   A. 减少用人成本 B. 合理配置人力资源
   C. 适应企业的未来发展需要 D. 满足员工成长需求
   E. 配合企业发展战略

6. 人力资源规划编制的内容包括编制人员配置计划、（ ）等。
   A. 编制职位计划 B. 合理预测各部门人员需求
   C. 确定人员供给计划 D. 制订招聘渠道计划
   E. 编制人员培训计划

7. 人员供给计划是人员需求的对策性计划，主要包括（ ）等内容。
   A. 人员供给方式 B. 人员内部流动政策
   C. 人员外部流动政策 D. 人员获取途径
   E. 人员外部获取预算

8. 对人力资源规划编制影响较大的因素包括（ ）等。
   A. 企业的发展战略 B. 企业的经营状况
   C. 人力资源战略环境 D. 国家相关政策法规约束

E. 外部劳动力市场情况
9. 企业的（　　）等经营状况制约着企业人力资源规划的编制。
　　A. 生产规模　　　　　　　　B. 研究开发水平
　　C. 管理水平　　　　　　　　D. 财务状况
　　E. 行业竞争情况
10. 人力资源规划活动会受到（　　）等因素的干扰。
　　A. 外部环境的巨大变化　　　B. 企业员工对自身价值观的重塑
　　C. 企业发展战略的主动调整　D. 企业人力资源战略的主动调整
　　E. 企业高层决策者变更
11. 开展人力资源规划评价与控制，一般包括（　　）等内容。
　　A. 人力资源规划的制定基础层面　B. 人力资源规划的实施层面
　　C. 人力资源规划的政策层面　　　D. 人力资源规划的结果层面
　　E. 人力资源规划的技术层面
12. 对人力资源规划的制定基础进行评价与控制，内容包括（　　）。
　　A. 企业的管理能力和实施能力是否有保障
　　B. 各层次的管理者能否有效、持续地理解和实施规划
　　C. 企业文化与人力资源规划是否有冲突
　　D. 工作职责、具体规定和描述是否清楚
　　E. 人力资源的目标是否达到
13. 对人力资源规划的实施进行评价与控制，内容包括（　　）。
　　A. 企业的管理能力和实施能力是否有保障
　　B. 各层次的管理者能否有效、持续地理解和实施规划
　　C. 所有部门员工和部门经理的努力目标是否一致
　　D. 工作职责、具体规定和描述是否清楚
　　E. 人力资源规划的目标是否达到
14. 常用的人力资源规划的衡量标准包括（　　）等。
　　A. 求职率　　　　　　　　　B. 员工流失率
　　C. 员工结构比例　　　　　　D. 招聘成本
　　E. 劳动生产率
15. 影响组织设计的因素包括（　　）等。
　　A. 环境　　　　　　　　　　B. 战略影响
　　C. 技术影响　　　　　　　　D. 组织规模与生命周期
　　E. 企业文化
16. 钱德勒将企业战略发展分为（　　）等。
　　A. 数量扩大阶段　　　　　　B. 战略收缩阶段
　　C. 产品多样阶段　　　　　　D. 地区开拓阶段
　　E. 差异化发展阶段
17. 迈尔斯和斯诺根据外部环境对企业的影响，将企业战略类型分为（　　）等。

A. 防御者型 B. 探险者型
C. 分析者型 D. 扩张者型
E. 进攻者型

18. 组织诊断中的组织分析主要包括（ ）。
    A. 职能分析 B. 决策分析
    C. 关系分析 D. 运行分析
    E. 结果分析

19. 组织诊断的原则包括（ ）等。
    A. 系统原则 B. 非系统原则
    C. 健康标准原则 D. 动态跟踪原则
    E. 灵活变化原则

20. 组织诊断的内容包括（ ）等。
    A. 企业战略和经营策略
    B. 企业管理流程和作业流程
    C. 部门设置和岗位设置
    D. 企业内部冲突状况
    E. 人力资源状况（如绩效管理、人事政策等）

21. 工作再设计是指为了有效达到企业目标，对原有的（ ）等进行变革和再设计。
    A. 工作内容 B. 工作流程
    C. 工作职责 D. 工作关系
    E. 合作方式

22. 工作再设计的方法包括（ ）。
    A. 工作轮换 B. 工作扩大化
    C. 工作丰富化 D. 工作专业化
    E. 工作信息化

23. 实施层次的工作再设计——缓解工作压力的工作再设计方法包括（ ）。
    A. 可供选择的工作时间方案 B. 信息技术支持
    C. 设置现实可行的目标 D. 提高员工的参与程度
    E. 提供个性化培训方案

24. 电子化人力资源管理的优势包括（ ）。
    A. 降低管理成本 B. 畅通信息传递
    C. 促进技术变革 D. 简化公文流程
    E. 改善绩效管理

25. 信息化和数字化的区别包括（ ）。
    A. 数据管人和人用数据的区别 B. 打通与没有打通的区别
    C. 用户思维与管理思维的区别 D. 经营理念与管理理念的区别
    E. 链接与没有链接的区别

【技能部分】

案例1

案例背景

华强公司是林先生创办的一家从事电子产品生产、销售的企业。经过20多年的努力经营，公司已经发展成为当地的知名企业。近几年，由于华强公司的产品属于技术含量较低的初级产品，公司面临的市场竞争越来越激烈。

林先生的儿子林强曾在美国留学，主修电子工程专业。林强学成归来后，林先生全力支持其接班，让其担任公司总经理。林强花巨资从国外引进先进设备，调整厂房，布置新的产品流水线，并对家族企业的管理模式进行改革。

林强认为，新产品的研发、制造和营销需要一批高素质的员工，公司里的老员工在技能和素质上都难以胜任新的要求。因此，林强要求人力资源部经理崔健招收一批新员工，一般技术人员要求具备本科及以上学历，研发人员要求具备研究生学历。

人力资源部按照林强的要求通过校园招聘、网络招聘的方式，招聘了一批应届本科生和研究生。经过岗前教育和业务培训，新来的大学生开始了正常的工作。几个月后，麻烦事接踵而来。

一方面，老员工纷纷向林先生抱怨，认为公司对他们不公平，大家勤勤恳恳工作了20多年，为了公司的业务发展尽心尽力，在薪酬福利上也没有提过要求，但是这次招来的大学生，薪酬水平普遍比他们高。而且有部分老员工学习主动，经验丰富，业务能力很强，也完全可以胜任新的岗位，公司却没有给予机会。

另一方面，新招来的大学生中陆续有人提出辞职。辞职理由比较集中，认为公司对他们不够重视，不少人进公司后一直被安排在生产制造车间做些基础性的工作。他们认为这些基础性工作技术含量低，担心长此以往会没有发展前途。

案例思考

1. 请指出该公司在人力资源管理中存在的问题。
2. 如果你是人力资源部经理，你会如何改进该公司的人力资源管理工作？

案例2

案例背景

李林与几位朋友从海外归国后，在张江创办了一家新能源电池企业——三昌公司。李林任总经理，与他在美国硅谷一起工作过的同事张强、王军、赵嘉等分别负责市场销售、技术开发和运营管理。另外，公司创立之初还得到了其他几个好友的资金入股支持，这几个人都不在公司担任职务。

由于新能源技术符合国家产业发展政策，李林等人经过五年的艰苦创业，公司发展迅速，已经打开市场销路，前景一片光明。

几年来，李林一方面为公司规模不断扩大和市场占有率持续上升而欣喜，另一方面却为公司内部的管理问题和未来的发展方向而忧虑。

公司目前的管理核心是股东会。随着公司的发展，股东们在很多问题上出现了不同的意见。

另外，由于公司近两年快速发展，股东们的收入大幅度增长，而其他员工的薪酬并未进行调整。最早一批进入公司的员工的激情和拼搏奋斗精神正在消退，有些老员工甚至对于赶项目、赶进度表现出抵触情绪，勉强应付。

与此同时，各业务部经理时常提出人手短缺、申请增加员工，而且几乎都要求在两周内配置到位。人力资源部经理每次询问增加员工的理由，得到的答复都是任务多或者项目需要。人力资源部忙于四处招人，但由于时间紧，又没有事先的计划，有时只能仓促招聘新员工，结果各部门又纷纷反馈人力资源部招来的人不能胜任工作，或者不能适应工作环境而在短期内离职了。

公司的业绩在增长、规模在扩大，李林感到压力越来越大。他既要思考公司的业务发展，又要应付日常事务，还要面对不断扩大的员工队伍的管理工作，逐渐感到力不从心。

案例思考

1. 该公司在人力资源管理方面存在哪些问题？
2. 该公司应如何有效进行人力资源规划？

案例3

案例背景

美士公司成立于2015年，是一家民营服装生产企业。经过多年发展，美士公司从一家服装定制小企业发展成拥有2 000多名员工、年销售额达到4.5亿元人民币的集设计、生产和销售于一体的服装公司。随着业务规模的迅速扩展，公司经营开始走向多元化，对人员的需求也呈现多层次、多元化的趋势。

这几年，公司通过校园招聘引进了不少研究生以充实中层管理团队，员工的学历结构有了很大的提升，但仍然无法满足公司发展的要求。面对各部门不断提出的用人需求，人力资源部由于人手紧张，通常是在部门提出人员需求后，才急急忙忙进行社会招聘，招聘的条件与专业要求一般由公司高层管理者确定。

新到任的人力资源部经理对公司内部做了一番调研后，汇总了用人管理上的几个主要问题，向公司高层进行汇报。主要问题包括：一是用人部门对招聘效率和质量不满意；二是公司仍然缺乏有经验的技术人员与管理人员；三是员工培训经常安排在节假日进行，员工参与的积极性不高；四是相当部分员工对自己的职业发展现状不满意，不少人有"跳槽"的想法；五是最近有几个关键岗位的核心员工去了竞争对手公司，严重影响了公司的正常工作和未来发展。

公司管理层意识到，如果这些问题不能尽快有效解决，企业在日趋激烈的市场竞争中将很快失去优势。

案例思考

1. 请指出该公司人力资源规划方面存在的主要问题。
2. 如果你是人力资源部经理，你会采取什么措施来解决这些问题？

案例 4

案例背景

慧洋公司成立于 2010 年，有 300 多名员工，是维灵公司实施主辅分离时成立的新公司。慧洋公司的主营业务是设备安装和检修，在承接维灵公司检修任务的同时，公司把重点放在拓展外部市场上，在附近的工业区承揽了很多业务，如为客户安装设备、提供运营保障等业务。开始几年，慧洋公司的运行正常，经济效益也不错。近年来，公司因为抢占市场摊子铺得大，专业技术人员疲于应对，甚至出现了拖延工期情况，严重影响了公司的信誉。

由于工作量大，员工经常被要求加班加点。员工节假日加班可以得到调休单。大多数技术骨干手头积累了一厚叠调休单却没有时间休假。有 50 多位高级技工即将达到退休年龄，他们有时感觉体力不支，颇有怨言。

公司成立之初曾从学校招聘少量大学生作为后备技术骨干，但由于缺乏带教和培养，一些有潜力的后备骨干人才工作 2～3 年以后就辞职了。最近几年公司不再招聘大学生，只招劳务工。

慧洋公司一直沿用原来的岗位技能工资制度，员工收入包括固定收入和奖金两部分。固定收入主要由岗位工资、技能工资、工龄工资和各种补贴组成。奖金与员工个人的工作绩效挂钩，但绩效缺乏明确的评价标准，都是领导说了算，与领导关系好的员工常常绩效结果较好，而那些认真做事的绩效结果反而一般。公司年底根据经济效益和员工绩效浮动发放奖金。同岗位劳务派遣工薪酬比正式工约低 20%。

2022 年，公司领导班子换届，新上任的总经理刘晓捷意识到人力资源管理问题的严重性。于是，刘总要求人力资源部在全公司组织开展人力资源管理改革的大讨论。通过广泛听取各部门的意见，将反应激烈的问题作为改革的重点，人力资源部为随后的改革提出具体方案供公司领导决策。

案例思考

1. 请分析慧洋公司需要进行人力资源管理改革的原因。
2. 该公司应如何改进人力资源管理？

四、参考答案

【理论知识部分】

（一）判断题

1. √　2. ×　3. √　4. √　5. ×　6. ×　7. √　8. ×　9. √　10. ×
11. √　12. √　13. ×　14. √　15. √　16. ×　17. ×　18. √　19. √　20. √
21. √　22. ×　23. ×　24. √　25. √　26. √　27. √　28. ×　29. ×　30. √
31. ×　32. √　33. √　34. ×　35. √　36. √　37. √　38. ×　39. √　40. ×
41. ×　42. √　43. ×　44. √　45. √　46. √　47. ×　48. √　49. √　50. √

(二）单项选择题

1. B 2. C 3. B 4. A 5. A 6. A 7. B 8. C 9. B 10. A 11. C 12. A 13. B 14. C 15. C 16. C 17. A 18. A 19. A 20. B 21. C 22. B 23. D 24. B 25. C

(三）多项选择题

1. ABC 2. ACE 3. ABCDE 4. ABDE 5. ABCD 6. ABCE 7. ABCD 8. ABC 9. ABCD 10. ABCD 11. ABE 12. ABC 13. CDE 14. ABCDE 15. ABCD 16. ACD 17. ABCD 18. ABCD 19. ABCD 20. ABCDE 21. ABCDE 22. ABCD 23. ACD 24. ABC 25. BCDE

【技能部分】

案例1

答题思路

1. 华强公司在人力资源管理中存在的问题

（1）公司未能根据发展战略及时进行人力资源规划，既缺乏对未来人员需求的有效预测，又未能充分进行内部人员盘点，新的岗位职责和任职资格不明确。

（2）招聘工作流程不完善，招聘渠道选择单一，没有尝试进行内部招聘。

（3）公司缺乏对员工职业发展通道的设计和职业发展的规划。

（4）薪酬体系不够完善，缺乏岗位评估，导致老员工抱怨薪酬缺乏公平性。

（5）未建立有效的沟通机制，导致新老员工出现问题后没有及时地解决。

2. 华强公司人力资源管理工作的改进措施

（1）加强与高层管理者的沟通，结合公司经营发展战略，进行人力资源规划的调整，优化组织结构，并进行员工现状盘点和未来需求分析。

（2）优化招聘流程，丰富招聘渠道选择，充分考虑内部招聘和外部招聘的优劣势，针对不同岗位选择不同招聘渠道。

（3）加强员工培训，帮助老员工提升能力、适应新的要求，并进行组织职业发展通道设计，协助新老员工进行职业发展规划。

（4）进行岗位评估，完善薪酬体系，确保薪酬的对内公平性。

（5）完善沟通机制，促进企业文化建设，加强员工关系管理。

案例2

答题思路

1. 三昌公司人力资源管理存在的问题

（1）没有清晰的人力资源战略规划。公司没有根据发展战略制定相应的人力资源发展战略规划。

（2）没有完善的组织架构和管理职能。目前，公司仍然依靠股东会管理，未建立与公司发展阶段相匹配的企业管理体系。

（3）没有完善的人力资源管理体系。公司缺乏正常运营的各项管理规范，如招聘管理制度、员工培训发展管理制度、薪酬管理制度等。

2. 人力资源规划建议

（1）进行人力资源需求预测，根据企业的发展战略预测人力资源需求，包括员工数量需求、技能要求和人员构成等。

（2）进行人力资源供给预测，分析内部人员的技能和素质、通过培训开发可以获得的供给潜力，以及外部人才市场的供给情况。

（3）进行供需平衡分析，规划人才保障体系

1）加强员工信息管理，掌握人力资源变动情况。

2）建立培训发展体系，从内部发现、发展与培养人才。

3）完善招聘管理流程，多渠道吸引企业所需人才。

案例3

答题思路

1. 人力资源规划存在的主要问题

（1）没有根据企业发展战略及时进行人力资源规划。

（2）缺乏人力资源供给与需求预测与分析，没有明确的员工职业发展规划和员工晋升计划，同时缺乏从外部及时补充所需员工的招聘计划。

（3）缺乏工作分析和岗位评估，聘用人才策略缺失，人力资源配置不合理。

（4）缺乏核心人才保留计划和措施，严重影响企业的可持续发展。

2. 解决问题的措施

（1）根据企业发展战略目标，开展人力资源规划活动。

（2）在分析企业内外部环境的基础上，进行人力资源需求与供给预测，及时开展员工招聘工作，引进优秀人才。

（3）完善内部员工晋升机制，制订员工职业发展计划，激发员工的工作热情。

（4）进行工作分析和岗位评估，坚持人岗匹配的原则，合理地做好人员配置。

（5）根据岗位要求和绩效考核情况开展员工培训，提高员工技能水平。

（6）及时了解员工满意度和敬业度状况，调整保留骨干员工、专业人员的策略。

案例4

答题思路

1. 人力资源管理改革的原因

（1）公司没有结合企业发展对专业人员的需求和未来员工退休导致的人员需求进行有效的规划，导致人员管理缺乏有效计划。

（2）公司对于技术骨干储备的招聘思路不明确，招聘劳务工不能有效解决人才储备问题，招聘缺乏针对性。

（3）对未来技术人才缺乏明确的培训和发展计划，没有建立和形成有效的新员工带教等培养模式。

（4）公司的薪酬结构不合理，缺乏真正意义上的绩效管理，依赖于领导的主观判断，导致薪酬缺乏公平性和激励性。

（5）公司在人力资源管理方面存在法律和管理风险。一线员工节假日加班开调休单替代的做法不合法，劳务工薪酬同工同酬方面也存在违规的问题。

2. 改进人力资源管理的对策

（1）根据公司业务发展战略做好人力资源规划。在人才盘点的基础上分析人力资源供需情况，建立科学合理的用工配置体系；开展人力资源梯队建设，加快人才培养步伐；通过有效渠道招聘高素质人才，加快核心岗位关键员工的配置。

（2）加强招聘与培养体系。编制未来骨干人才招聘、培训和发展计划，多渠道招聘员工，丰富员工培养的模式，建立员工职业发展通道。

（3）健全绩效管理体系，完善薪酬管理制度。

（4）做好人力资源管理基础工作，建立沟通机制，防范法律和管理风险。

第二单元

招聘与配置

一、学习要求

通过本单元的学习，学员应掌握胜任素质模型在招聘管理中的应用；掌握招聘策略和主要的灵活用工方式的特点；掌握人员甄选的方法，包括行为描述性面试和评价中心等甄选方法；掌握人员录用和人员配置管理的相关知识。

二、职业技能等级认定要点

【理论知识部分】

认定范围	认定点	知识点	重要性系数
招聘管理	胜任素质模型	胜任素质的概念	9
		胜任素质模型的概念	
	招聘策略与灵活用工	人才吸引策略	5
		人才选聘策略	
		招聘备选策略	
		灵活用工	
招聘选拔	人员甄选	人员甄选概述	9
		甄选指标体系	
		甄选方法及其选择	
		甄选信度与效度	
	行为描述性面试	行为描述性面试的概念与优势	9
		行为描述性面试的作用	
		行为描述性面试题的设计	
	评价中心	评价中心的概念	9
		评价中心的发展	
		评价中心的工作机制和实施标准	
		评价中心的特色	
		评价中心的适用范围	
		评价中心技术的实施流程	
		评价中心技术的种类	

续表

认定范围	认定点	知识点	重要性系数
人员录用	人员录用概述	人员录用的原则	5
		人员录用的要求	
		人员录用的程序	
	人员录用决策	人员录用决策概述	5
		人员录用决策方法	
	人员录用实施	应聘者通知	5
		入职	
		签订劳动合同	
		新员工培训	
		试用期管理	
人员配置管理	人力资源配置概述	人力资源配置的概念	5
		人力资源配置的基本原则	
		人力资源配置的匹配原理	
		人员调配和晋升	
	人力资源配置管理	人力资源配置分析	5
		人力资源配置形式	
		人力资源配置模式	
		员工柔性配置管理	

【技能部分】

认定点	认定内容	重要性系数
1	根据企业发展战略要求，建立企业岗位胜任素质模型	5
2	制定和调整招聘策略，合理控制招聘风险	9
3	运用各种面试技巧和评价中心技术制定人力资源测评方案，选择合适人才	9
4	制定招聘管理制度	5
5	制定员工晋升管理办法	5
6	制订人才保留的具体计划	9

三、练习题

【理论知识部分】

（一）判断题（下列表述正确的请画"√"，错误的请画"×"）

1. 胜任素质是决定个体在既定职位上能达成优秀工作成果的独特内在特点。（　）
2. 工作分析关注的要素有两点，即"职位"和"人"。（　）
3. 引入胜任素质体系后，工作分析不但要分析职位特征和职位要求，更要找出高绩效者与一般绩效者的区别，并据此建立任职标准。（　）
4. 胜任素质中的门槛素质通常是一些专业领域的知识和技能。（　）
5. 胜任素质中的差异素质主要指一个人在工作上所需要的最低限度的素质。（　）
6. 胜任素质模型就是为了完成某工作或达成某一绩效目标，要求任职者具备的一系列不同胜任素质的组合。（　）
7. 统一素质模型是一种针对管理和专业岗位的通用型胜任素质模型。（　）
8. 胜任素质模型在招聘管理中的应用主要表现为工作分析和确定甄选方法。（　）
9. 更大的责任或权力是对人才有大吸引力的企业的主要特点之一。（　）
10. 高薪酬和高福利是企业吸引人才的重要因素之一。（　）
11. 出色的同事和领导有时候也会成为企业吸引人才的因素之一。（　）
12. 选聘时要同时考察人与岗位，以及人与企业的匹配度。（　）
13. 心理契约更强调个人与组织的交换和关系。（　）
14. 心理契约理论认为，心理契约是企业和员工之间存在的一种正式且重要的契约。（　）
15. 严格来说，灵活用工不是一种用工形式，而是企业灵活运用多种方式获取劳动力资源的统称。（　）
16. 非全日制用工是一种非标准劳动关系。（　）
17. 人力资源派遣涉及的用工主体包括用工单位、用人单位和派遣员工。（　）
18. 人员甄选包括测量和评价两个核心过程。（　）
19. 甄选方案设计原则中的效果最好原则是指测评要全面完整。（　）
20. 设计人才甄选方案一般要遵循"成本适中、时间最短、用人合理、效果最好"的原则。（　）
21. 选择甄选方法组合要根据岗位、预算和实施条件等因素综合考虑。（　）
22. 甄选指标应该针对不同的岗位特点及对应聘者的要求，这是甄选指标体系设计原则中的合理性原则。（　）
23. 甄选指标应把最具有岗位代表性、最能反映人才素质特征的指标提取出来，这是甄选指标体系设计原则中的针对性原则。（　）
24. 甄选指标体系由测评指标和指标权重组成。（　）
25. 测评指标包括测评要素和要素权重。（　）
26. 在所有甄选方法中，评价中心技术的费用较高。（　）

27. 行为描述性面试是一种采用专门设计的问题来了解应聘者过去在特定情况下行为的结构化面试方法。（   ）

28. 行为描述性面试是通过过去的行为表现来预测未来的行为。（   ）

29. 行为描述性面试时，要想在短时间内了解应聘者能否把说的话付诸实践，最好的办法就是取得应聘者过去行为的例证。（   ）

30. 评价中心技术是情景模拟测试技术中一种较为复杂的方法。（   ）

31. 评价中心技术的工作原理是通过对应聘者施加行为刺激，观察其在特定刺激情景下的行为表现，进而推断其相关特质。（   ）

32. 采用评价中心技术进行观察的考官必须要有多个。（   ）

33. 评价主观性强是评价中心技术的缺点之一，因此对考官的要求很高。（   ）

34. 评价中心适用于选拔中高级管理人员和关键职位人员，不太适合在招聘普通员工中全面运用。（   ）

35. 招聘过程中运用评价中心进行测评，一般有两种操作方式，一种是打分加评语，另一种是考官进行评语评价。（   ）

36. 在使用评价中心时，为了提高有效性，需要遵循同一指标至少要有两个及以上的方法进行测评的原则。（   ）

37. 无领导小组讨论是指给几个应聘者分配一些需要合作才能较好完成的任务，通过完成情况判断应聘者的能力。（   ）

38. 评价中心的案例分析法是指将多名应聘者集中起来组成一个小组，要求就某个问题展开自由讨论，并在一定时间得出一致性结论。（   ）

39. 评价中心技术的角色扮演法强调在测评中既要了解应聘者的心理素质，又要评价其处理问题和矛盾的合理性。（   ）

40. 评价中心技术中的管理游戏一般适用于管理人员、销售或财务等关键职位的招聘。（   ）

41. 一般来说，人员录用的决策主体遵循"谁用人，谁决策"的原则。（   ）

42. 在人员选聘中有这么一个规律，完全符合职位标准的人要么不存在，要么在这个职位上不可能工作太长时间，一般来说最好选择一个能够完成工作任务80%的应聘者。（   ）

43. 在人员录用决策时，应该以工作分析作为唯一的标准，以找到完全符合职位要求的人员。（   ）

44. 合格人选的数量少于所要录用人员的数量时，可以降低录用标准，以获取足够的人员。（   ）

45. 当应聘者的薪酬要求略高于企业预算时，展示发展机会是一个比较好的吸引人才的方法。（   ）

46. 企业人力资源配置就是为企业选择合适的人，然后把合适的人用在合适的岗位上。（   ）

47. 用人计划一般包括所需人员的数量、结构、层次、类型、要求和条件。（   ）

48. 人力资源配置基本原则中的计划原则是指企业需要形成招聘和配置的标准化和流

程化体系，使整个招聘和配置过程达到可预见、可控制和可量化。（　　）

49. 人力资源配置需要建立在人力资源规划的基础上，然后再进行深入的分析和预测，这体现了人力资源配置的科学原则。（　　）

50. 员工柔性配置在设计激励机制时主要考虑员工个体的激励方式和方法。（　　）

● **（二）单项选择题**（下列每题的选项中，只有1个是正确的，请将其代号填在括号内）

1. （　　）是指那些一旦得到提高和改善，就会大大提高工作绩效的胜任素质。
   A. 门槛素质　　B. 转化素质　　C. 差异素质　　D. 普遍素质

2. （　　）通常是指个人的潜能，如动机、人格、价值观等。
   A. 门槛素质　　B. 转化素质　　C. 差异素质　　D. 普遍素质

3. 胜任素质模型中，（　　）又称为组织类胜任素质模型。
   A. 职级素质模型　　　　B. 统一素质模型
   C. 岗位素质模型　　　　D. 通用素质模型

4. 胜任素质模型中，根据企业内具体岗位所开发的胜任素质模型称为（　　）。
   A. 职级素质模型　　　　B. 统一素质模型
   C. 岗位素质模型　　　　D. 通用素质模型

5. 关于人才选聘策略的描述错误的是（　　）。
   A. 人才流失的原因之一是应聘者不认可企业的文化
   B. 员工认同企业文化但与团队成员无法相处也是人才流失的重要原因
   C. 在新员工上岗前提供导向性培训，招聘成效才得到保证
   D. 心理契约在员工进入企业一段时间后就会产生

6. 派遣劳动者的数量不得超过企业用工总量的（　　）。
   A. 5%　　　B. 10%　　　C. 15%　　　D. 20%

7. （　　）用工形式中，用工单位与员工建立的是劳动关系。
   A. 人力资源派遣　　　　B. 业务外包
   C. 非全日制用工　　　　D. 退休返聘

8. 甄选指标体系不可能也没有必要对所有素质特征都做出评价，要体现少而精的思想，这是人员甄选指标设计的（　　）原则的要求。
   A. 针对性　　B. 明确性　　C. 合理性　　D. 精炼性

9. 甄选指标体系中甄选要素和标准之间要吻合，不过高或过低，这是甄选指标体系设计原则中的（　　）原则。
   A. 针对性　　B. 明确性　　C. 合理性　　D. 精炼性

10. 一个指标必须有明确的定义，只能有一个甄选内容，这是人员甄选指标设计的（　　）原则的要求。
    A. 针对性　　B. 明确性　　C. 合理性　　D. 精炼性

11. 一般不太适合在招聘普通员工中全面运用的是（　　）。
    A. 简历筛选　　B. 心理测验　　C. 面试　　D. 评价中心技术

12. 甄选方法选择的（　　）原则是指合适的甄选方法要具有良好的信度，每次测量

的结果要基本保持一致。

  A. 可靠性 B. 公平性 C. 可用性 D. 合适性

13. 甄选方法选择的（ ）原则是指对不同背景的人员所测结果不会引起偏差和不同对待。

  A. 可靠性 B. 公平性 C. 可用性 D. 合适性

14. 甄选方法选择的（ ）原则是指要充分考虑甄选方法对实施条件的要求。

  A. 可靠性 B. 公平性 C. 可用性 D. 合适性

15. 行为描述性面试通过应聘者过去的行为来预测应聘者的（ ）。

  A. 职业发展动机   B. 性格特征

  C. 未来行为   D. 工作经历

16. （ ）符合行为描述性面试的提问要求。

  A. "你将如何对付难缠的员工？"

  B. "你善于化解矛盾吗？"

  C. "你如何处理工作中的安全问题？"

  D. "作为监管人员，你曾经如何对付难缠的员工？"

17. （ ）不符合行为描述性面试的提问要求。

  A. "我们的销售目标很高，你能应付吗？"

  B. "介绍一下过去一年你成交金额最大的一笔销售。"

  C. "谈谈你工作中经历过的安全问题。"

  D. "谈谈过去一年你怎么样去适应工作中的变化。"

18. 行为描述性面试的行为样本描述要把握四个关键的要素，即目标、结果、行动和（ ）。

  A. 情境 B. 时间 C. 地点 D. 原因

19. （ ）不属于常见的评价中心技术。

  A. 演讲 B. 角色扮演 C. 知识测验 D. 管理游戏

20. 设置一组人际矛盾和冲突，要求应聘者扮演管理者角色去处理矛盾和冲突，这是评价中心技术的（ ）。

  A. 案例分析 B. 管理游戏 C. 角色扮演 D. 无领导小组讨论

21. 向应聘者提供一些管理中遇到的问题，要求提出各种建议并形成书面报告，这是评价中心技术的（ ）。

  A. 案例分析 B. 管理游戏 C. 角色扮演 D. 无领导小组讨论

22. 无领导小组讨论的每一组人数不宜过多或过少，一般以（ ）人为宜。

  A. 3～4 B. 6～8 C. 8～10 D. 10～12

23. 整个录用过程规范合理，不得人为制造不平等的限制，保证录用人员是企业最满意的人才，这是人员录用的（ ）原则。

  A. 录用流程体现公平竞争   B. 录用决策体现择优录用

  C. 员工配置体现人岗匹配   D. 劳动关系体现符合法律

24. 人力资源配置分析的（ ）是指应该根据不同性质、特点的事，选拔有相应专长的人员去完成。

A. 工作负荷状况分析　　　　　　B. 使用效果分析
C. 质量配置分析　　　　　　　　D. 结构配置分析

25. （　　）不属于员工柔性配置管理的原则。

A. 非强制原则　B. 灵活性原则　C. 激励性原则　D. 最优性原则

（三）多项选择题（下列每题的选项中，至少有2个是正确的，请将其代号填在括号内）

1. 胜任素质一般包括（　　）等。
   A. 门槛素质　　　　　　　　　B. 竞争素质
   C. 差异素质　　　　　　　　　D. 转化素质
   E. 普通素质

2. 胜任素质模型主要包括通用素质模型、（　　）等。
   A. 统一素质模型　　　　　　　B. 岗位素质模型
   C. 职级素质模型　　　　　　　D. 转化素质模型
   E. 职簇素质模型

3. 通常情况下，对人才吸引力大的企业往往具有（　　）等特点。
   A. 高工资和高福利　　　　　　B. 良好的企业形象
   C. 更大的责任或权力　　　　　D. 工作和生活之间的平衡
   E. 企业和职位的稳定性和安全感

4. 为了降低人才流失的风险，在招聘时要关注（　　）等方面。
   A. 竞争对手对人才的吸引力　　B. 人才的文化和价值追求
   C. 人才与团队的融合度　　　　D. 选聘与培训开发的结合度
   E. 心理契约

5. 劳务派遣要遵守的"三性"规定是指（　　）。
   A. 临时性　　　　　　　　　　B. 替代性
   C. 辅助性　　　　　　　　　　D. 合理性
   E. 灵活性

6. 国内主流的灵活用工形式包括（　　）。
   A. 人力资源派遣　　　　　　　B. 业务外包
   C. 网络平台用工　　　　　　　D. 非全日制用工
   E. 实习用工

7. 人员甄选的内容是评估应聘者的个人素质，个人素质主要包括（　　）。
   A. 个性心理　　　　　　　　　B. 知识与技能
   C. 工作经验　　　　　　　　　D. 身体素质
   E. 教育经历

8. 人员甄选分筹备、策划和实施三个阶段，其中策划阶段的工作主要包括（　　）等。
   A. 组建考官团队　　　　　　　B. 确定甄选指标体系
   C. 设计甄选方案　　　　　　　D. 开发甄选试题
   E. 培训考官团队

9. 人员甄选指标体系的设计原则包括（　　）等。
   A. 针对性原则　　　　　　　　　B. 明确性原则
   C. 精炼性原则　　　　　　　　　D. 全面性原则
   E. SMART① 原则

10. 常用的甄选方法包括（　　）。
    A. 简历分析　　　　　　　　　　B. 知识测验
    C. 心理测验　　　　　　　　　　D. 面试
    E. 360°评定

11. 选择甄选方法时应该遵循（　　）等原则。
    A. 确保甄选方法的精炼性　　　　B. 确保甄选方法的可靠性
    C. 确保甄选方法的公平性　　　　D. 确保甄选方法的可用性
    E. 选用甄选方法时应该考虑成本

12. 甄选信度的误差来源包括（　　）等。
    A. 应聘者本身特征的影响　　　　B. 考官因素的影响
    C. 测评内容方面的影响　　　　　D. 实际测评环境的影响
    E. 应聘者反应方面因素的影响

13. 行为描述性面试的优势包括（　　）。
    A. 面试官容易通过追问来澄清含糊的地方
    B. 可以减少应聘者说谎的机会
    C. 可以避免面试者个人主观印象影响评价的客观性
    D. 在效度上比传统的心理测验更高
    E. 费用比心理测验低

14. 关于行为描述性面试的描述正确的是（　　）。
    A. 行为描述性面试采用了行为事件访谈技术
    B. 行为描述性面试的效度比传统的心理测验要低
    C. 行为样本描述要把握 STAR② 要素
    D. 面试的难点是应聘者有很多机会说谎，而考官没有很好的办法来应对
    E. 过去的行为可以预测未来的行为

15. 行为描述性面试中，对行为样本进行描述要把握（　　）等关键要素。
    A. 情景　　　　　　　　　　　　B. 目标
    C. 行动　　　　　　　　　　　　D. 结果
    E. 应对

16. 1989 年评价中心国际学术大会上通过的评价中心实施标准规定，规范的评价中心操作必须要有（　　）等要素。
    A. 工作分析和分类行为观察　　　B. 以模拟为主的多种方法

---

① SMART 指目标是明确具体的（specific）、可衡量的（measurable）、可实现的（attainable）、高度相关的（relevant）、有时限性的（time based）。

② STAR 是情境（situation）、目标（target）、行动（action）、结果（result）的统称。

C. 多位考官 D. 数据收集处理和报告
E. 合理的甄选指标体系

17. 评价中心技术的缺点包括（　　）等。
A. 组织过程复杂 B. 实施周期长
C. 测评费用高 D. 信度不高
E. 评价主观性强

18. 评价中心技术所考察的内容主要包括（　　）等。
A. 管理技能 B. 人际技能
C. 领导能力 D. 工作动机
E. 个性特征

19. 评价中心常用的方法包括（　　）等。
A. 公文处理 B. 角色扮演
C. 管理游戏 D. 案例分析
E. 无领导小组讨论

20. 无领导小组讨论的实施阶段一般分为（　　）等。
A. 讨论准备阶段 B. 个人观点阐述阶段
C. 自由讨论阶段 D. 总结阶段
E. 现场评估阶段

21. 人员录用要坚持（　　）等。
A. 录用流程体现公平竞争原则 B. 录用决策体现择优录用原则
C. 员工配置体现人岗匹配原则 D. 劳动关系体现符合法律原则
E. 录用标准体现选择最优原则

22. 为减少录用决策失误，提高录用有效性，需要注意（　　）等方面。
A. 应聘者信息要准确可靠 B. 录用招聘程序要科学
C. 决策主体要明确 D. 录用标准要合理设置
E. 要尽快做出录用决定

23. 人员录用实施包括（　　）等步骤。
A. 通知应聘者录用情况 B. 新员工入职
C. 签订劳动合同 D. 试用期管理
E. 新员工转正

24. 人力资源配置需要遵循的基本原则包括（　　）等。
A. 公平原则 B. 动态原则
C. 系统原则 D. 计划原则
E. 适用原则

25. 人力资源柔性配置管理适用于（　　）等场景。
A. 跨部门的临时性重点任务 B. 企业发展中遇到的瓶颈问题
C. 多产品线事业部组织结构企业 D. 高度定制化的生产任务
E. 跨专业的临时性重点任务

【技能部分】

案例1

案例背景

中宏公司是一家有实力的股份制集团公司,旗下产业涉及电器制造、房地产、互联网科技等领域。随着企业规模越来越大,董事长希望能够两年内通过融资在中国A股市场上市。董事长要求人力资源部在一个月内招聘一名总经理,推动公司的管理变革和融资上市。

由于董事长一直对猎头公司不是特别信任,人力资源部陈经理比较犯愁,尽管委托熟人介绍,但很长一段时间没有候选人。在一次大型管理论坛上,陈经理结识了李德明。李德明自称是总经理,自我介绍具有海外留学经历,曾就职于两家知名制造业外资企业,有着比较丰富的海外工作经验,特别是曾经成功帮助企业融资上市。李德明认为所在公司目前已经处于稳定状态,自己则希望有不一样的挑战。于是,陈经理将李德明的情况汇报给董事长,并安排董事长和李德明面谈。董事长听了李德明关于企业管理和融资上市的介绍,感觉他经验丰富、思路敏捷。董事长对这位总经理的人选非常满意,当场决定邀请李德明加盟中宏公司。

李德明进入中宏公司后,管理风格强势,特别注重自己的权威,脾气较为暴躁,大部分高层管理者对李德明敬而远之。李德明要求制定的规章制度在实施过程中并不顺利,很多工作推进较慢、效率低下。半年过去了,公司的经营管理并没有什么起色,反而因为管理团队不和谐,导致一些骨干员工离职,融资上市的工作停滞不前。

董事长在一次会议上遇到了李德明的前任老板,在沟通中才知道李德明在原来公司只是一个副总经理,独立工作能力较强,但欠缺团队管理能力,而在融资上市方面只是一个辅助角色。

案例思考

1. 中宏公司在本次招聘中存在哪些问题?
2. 如果你是人力资源部经理,你会如何有效进行该公司的高层管理者招聘?

案例2

案例背景

仁安公司是一家由三位留美博士回国成立的基因诊断研究机构。经过几年的孵化,公司成功研制出第一代基因诊断试剂。公司在获得第二轮投资后,拟建立一条生产流水线,计划在第二年正式投产。根据战略发展规划,公司将首先在华东地区建立销售网点,然后快速拓展到全国各地,向全国医疗机构进行产品推广和销售。

人力资源部负责招聘工作的张元经理决定用评价中心技术对候选人进行评估。张元从朋友那里得到一份其他公司大区销售经理的岗位胜任素质模型,略做修改后就将其作为公司华东区区域销售经理的评价标准,内容主要包括:(1)知识素质,即市场营销、法律、财务等知识;(2)心理素质,即情商、工作风格、个性特征等;(3)职业素养,即诚信度、成就动机、激情等;(4)核心能力,即决策能力、市场分析能力、系统思考能力等。

同时，张元组建了由人力资源部经理和3名业务部经理组成的面试小组，并制定了包括无领导小组讨论、文件筐、管理游戏等测评方案。

在招聘过程中，张元通过招聘网站挑选了20名应聘者。在甄选评估过程中，张元感觉应聘者整体素质不佳，面试官们对应聘者的评价也不一致，综合评价有较多争议。经过张元努力协调，面试小组最终完成了全部程序，勉强选拔出8位区域销售经理。

上任半年后，8位区域销售经理的绩效差别很大。有3人试用期未结束就因无法胜任工作而离职了，另外有2位主动离职的区域销售经理认为公司实际的岗位待遇和工作环境与招聘时的说法有很大差距。而其他几位区域销售经理大多也没有达到公司的绩效要求。

案例思考

1. 请分析此次区域销售经理招聘未达到预期效果的原因。
2. 该公司应如何避免该类招聘问题的再次出现？

案例3

案例背景

克林集团公司是一家汽车销售服务企业。近几年来，公司业务迅速发展，在各地陆续设立了分公司，需要既懂经营又懂管理的优秀人才。最近，2家分公司的经理离职，总经理要求人力资源部尽快配备2名分公司经理。

根据公司的整体安排，人力资源部在大众媒体上发布了招聘广告，公布了招聘人选的学历和经历要求。一周左右，人力资源部就收到了500多份简历。人力资源部先从中选出50份简历，然后通过性格测验确定了5名候选人，并将5份候选人简历提交给总经理。经过人力资源部和总经理的面试，总经理对候选人小张和小刘两人印象深刻，决定录用小张和小刘作为分公司的经理。

半年后，公司进行绩效考评时发现，小张和小刘的工作业绩不如预期，指定的工作经常不能按时完成，有时甚至觉得他们不能胜任工作。小张和小刘抱怨下属员工在工作中不配合，公司的很多制度和流程不合理却又必须遵守，公司的管理制度也不是面试时介绍的那样完善。他们觉得自己的能力很难在公司发挥。8个月后，小张和小刘相继离职。

案例思考

1. 该公司在招聘实施过程中存在哪些问题？
2. 如果你是人力资源部经理，你将如何改进招聘工作？

案例4

案例背景

随着化妆品行业竞争的日趋激烈，佳宝公司销售部提交了人员增补计划，决定以社会招聘的方式招募一批具有专业背景的业务人员充实员工队伍，旨在提升销售业绩。人力资源部招聘主管金燕是本次招聘的主要负责人，在招聘过程中她觉得有3人符合销售部的选人标准。

她认为：何涛的个人简历体现出其具有丰富的工作经验和良好的专业背景，另外，他是领导推荐的，应该录用；周韵具有金融学与法学双学士学位，在校期间成绩优秀，无不良记录，入职后可安排相关岗位让其锻炼发展成为业务骨干；刘熙完全符合销售部的岗位设置要求，简历中体现出专业经历丰富、专业理论知识扎实，有多家公司的任职经历。金燕通过与候选人简单沟通，并经上级领导批准后，就为他们办理了入职手续。

令人失望的是，3人在踏上工作岗位后出现了一系列问题。何涛虽然工作认真负责，但是其业务能力完全不能胜任岗位，影响了公司的运行效率；周韵在熟悉工作岗位后体现出很强的专业能力，个人成绩突出，但是他不合群，不能融入团队，造成了内部矛盾，影响了整个团队的工作效率；刘熙在工作一段时间后总是请病假，他行为怪异、情绪反常，通过背景调查才发现他五年里换了五个工作单位。

案例思考
1. 请分析该公司在招聘销售人员时存在的问题。
2. 该公司应如何提高招聘工作的有效性？

四、参考答案

【理论知识部分】

（一）判断题

1. √ 2. √ 3. √ 4. √ 5. × 6. √ 7. × 8. × 9. √ 10. √
11. √ 12. √ 13. × 14. × 15. √ 16. × 17. √ 18. √ 19. × 20. ×
21. √ 22. × 23. √ 24. √ 25. √ 26. √ 27. √ 28. √ 29. √ 30. √
31. √ 32. √ 33. √ 34. √ 35. × 36. √ 37. √ 38. × 39. × 40. √
41. √ 42. √ 43. × 44. × 45. √ 46. √ 47. √ 48. × 49. × 50. ×

（二）单项选择题

1. B 2. C 3. B 4. C 5. D 6. B 7. C 8. D 9. C 10. B 11. D 12. A
13. B 14. C 15. C 16. D 17. A 18. A 19. C 20. C 21. A 22. B 23. A
24. D 25. D

（三）多项选择题

1. ACD 2. ABCE 3. ABCDE 4. BCDE 5. ABC 6. ABCDE 7. ABCD
8. BCDE 9. ABC 10. ABCDE 11. BCDE 12. ABCD 13. ABCDE 14. ACE
15. ABCD 16. ABCD 17. ABCE 18. ABCDE 19. ABCDE 20. ABCD
21. ABCD 22. ABCDE 23. ABCD 24. ABD 25. ABDE

【技能部分】

案例1

答题思路

1. 本次招聘中存在的问题
（1）招聘总经理缺乏事先规划，没有明确的任职资格或胜任素质要求。
（2）招聘渠道选择不合理，候选人选择范围太小，影响了候选人的数量和质量。
（3）人才选拔方式单一，面试过程较简单，评价主观性强。
（4）录用过程缺乏有效的决策机制，缺少全面的背景调查。

2. 改进高层管理者招聘的有效对策
（1）人力资源部要与董事长沟通确定总经理的胜任素质模型，提供专业的建议，明确招聘的标准。
（2）人力资源部要向董事长建议拓宽招聘渠道，扩大总经理候选人的选择面。
（3）运用合适的总经理选拔测评方法，确保人岗契合度。做好背景调查，确保候选人信息的真实性和评价的科学性。
（4）完善录用决策机制，规避录用决策风险。

案例2

答题思路

1. 招聘未达到预期效果的原因
（1）招聘选拔标准不合理。其他公司现成的岗位胜任素质模型与公司岗位要求不一致。
（2）人才招聘过程不完善。招聘渠道选择过于单一，招聘要求存在一定的偏差，不够客观。
（3）招聘选拔流程不科学。面试小组专业性不强，结构单一，缺乏统一培训，对岗位要求把握缺乏一致性，评价主观性强。

2. 招聘工作的改进建议
（1）需要根据公司发展战略和岗位要求进行工作分析，确定岗位的核心胜任素质要求。
（2）招聘渠道选择应多元化，结合岗位的特点采用内部招聘和外部招聘相结合的方式，以提高候选人的数量和质量。
（3）应客观真实地介绍公司招聘岗位的工作内容、待遇等情况，提高应聘者对岗位情况的客观认知。
（4）应合理组建面试团队，面试团队结构要多元化，还应包括分管领导、测评专业人员等。还应进行必要的面试官培训来提高对应聘人员评价的准确性和客观性。

案例3

答题思路

1. 招聘实施过程中存在的问题

（1）招聘标准不够明确，只发布了应聘者的学历和经历要求。

（2）招聘渠道选择不合理，大众媒体不一定适合此类岗位的招聘。

（3）甄选过程不合理，仅通过性格测验筛选应聘者，以及在决策时依据总经理的直觉印象做出判断缺乏规范的评价流程。

（4）向应聘者介绍企业情况时信息不客观。

2. 改进对策

（1）根据岗位职责确定任职要求，包括能力、价值观、文化契合度等方面。

（2）作为关键岗位，在选拔时可采用评价中心技术等全面考察应聘者，做到人与岗位匹配、人与团队匹配、人与组织匹配。

（3）招聘渠道的选择可以考虑内部渠道和外部渠道相结合。

（4）完善员工录用决策程序，提升招聘决策机制的合理性。

（5）结合公司发展需求，做好人才需求分析，制订人才储备计划。

案例4

答题思路

1. 招聘存在的问题

（1）对公司发展战略缺乏了解，没有与公司战略相匹配的明确的选拔标准。

（2）招聘前没有做好准备工作，缺乏岗位说明书，对销售人员的岗位要求、胜任素质标准没有明确的规定和说明。

（3）选拔手段过于简单，简历筛选不够有效，缺乏必要的背景调查等。

（4）招聘决策流程不合理，录用决策体系不规范，缺乏用人部门的参与。

2. 提高招聘工作有效性的措施

（1）人力资源部和销售部共同参与，建立完整的招聘团队。

（2）进行有效的工作分析，确定销售人员岗位要求、工作职责和任职资格，明确销售人员的岗位标准，以此为招聘选拔的依据。

（3）选择合适的人才测评方法，并进行必要的背景调查等。

（4）健全录用决策制度，完善录用决策机制，避免招聘决策风险。

第三单元

培训与开发

一、学习要求

通过本单元的学习,学员应掌握如何建设培训管理体系,包括培训制度、组织和项目体系;掌握培训成果转化的原理和如何更好地促进成果转化;掌握职业生涯管理相关内容。

二、职业技能等级认定要点

【理论知识部分】

认定范围	认定点	知识点	重要性系数
培训管理体系建设	培训制度体系建设	员工培训制度体系的概念与内容	5
		员工培训制度体系的组成	
		员工培训制度体系建设的原则	
	培训组织体系建设	培训管理工作的职责层次	9
		培训开发的组织结构模式	
		培训组织结构	
		培训与开发专业人员的角色和素质要求	
	培训项目体系建设	培训项目管理流程	5
		骨干员工培训项目管理	
		销售人员培训项目管理	
		生产人员培训项目管理	
		技术人员培训项目管理	
培训成果转化	培训成果转化概述	培训成果转化的概念	5
		培训成果转化的意义	
		培训成果转化的相关理论	
	培训成果转化的影响因素	个人特征	5
		转化氛围	
		组织特征	
	培训成果转化的促进	客观看待培训效果	5
		巩固培训效果	
		提高培训的投资回报率	
		提高管理培训的实效	

续表

认定范围	认定点	知识点	重要性系数
职业生涯管理	职业生涯管理概述	职业生涯管理的内涵	9
		职业生涯管理的特征	
		职业生涯管理的理论	
		职业生涯规划和职业生涯管理的联系与区别	
	组织的职业生涯管理	职业生涯管理程序	5
		职业生涯发展通道	
		职业生涯管理的相关工具和措施	
		不同职业生涯时期的职业管理任务	

【技能部分】

序号	认定内容	重要性系数
1	根据培训目的、对象、资源提出培训方法，并制定企业培训管理制度	9
2	制定培训规划并编制年度计划和经费预算	5
3	根据企业战略发展规划制定培训目标	9
4	评估培训效果并撰写或审定评估报告	9
5	开展组织职业生涯管理	9

三、练习题

【理论知识部分】

（一）判断题（下列表述正确的请画"√"，错误的请画"×"）

1. 企业培训的主体是企业、员工和人力资源部门。（　　）

2. 培训制度体系是指能够直接影响和作用于培训系统及其活动的各种法律、规章、制度及政策的总和。（　　）

3. 企业培训制度为培训活动提供一种制度性框架和依据，促使培训沿着制度化、规范化的轨道运行。（　　）

4. 培训制度是由企业制定的，因此其主要目的在于调动员工参与培训的积极性，同时也使企业的培训活动系统化、规范化和制度化。（　　）

5. 培训结果与晋升、工资挂钩，可以提升培训的效果。（   ）
6. 培训考核评估制度的内容包括培训的主体和客体、培训的内容、培训考核的标准、考核结果的评定和证书的发放等。（   ）
7. 培训可以提升员工知识技能，提升员工价值，员工都会积极参与，不需要激励。（   ）
8. 培训考核评估制度影响各方对培训的态度，以及培训工作能否日趋完善。（   ）
9. 培训风险管理制度主要是培训合同签订和管理制度。（   ）
10. 培训制度要具有稳定性，不具普遍性的例子不要上升到制度的层面，同时培训制度又需要经常调整和不断完善，这是培训制度一般和具体相结合的原则。（   ）
11. 不同的培训项目都有自己的特殊情况，为了使培训制度适用任何的培训项目和培训对象，培训制度的规定不能太具体，只要提供基本的原则就行了，这是培训制度的稳定与灵活相结合的原则。（   ）
12. 培训体系的构建与管理工作纷繁庞杂，需要高层提供资源、方法、制度，培训部提供政策、方向和支持。（   ）
13. 培训工作涉及环节多、参与管理人员多，建立分工明确、职责明晰的培训组织机构是确保培训工作顺利开展的基础。（   ）
14. 研究、需求分析、评估是人力资源开发专业人员五角色理论中分析／评估角色的任务。（   ）
15. 了解成人教育的特点，具有信息反馈、协作、应用电子系统和设定目标的能力等是人力资源开发专业人员五角色理论中分析／评估角色需要具备的能力。（   ）
16. 罗杰·贝尔特认为人力资源培训与开发专业人员的角色包括培训者、设计者、创新者、顾问和管理者。（   ）
17. 人力资源培训与开发专业人员五角色理论中，培训者和顾问的任务在于维持培训与开发的正常运作和既定绩效。（   ）
18. 人力资源培训与开发专业人员五角色理论中，培训者的作用最为核心。（   ）
19. 在美国培训与开发协会的关于培训与开发专业人员的研究中，承担项目设计、培训教材开发、评价等角色任务的是战略角色。（   ）
20. 培训目标是文字、符号、图画或图表的组合，它指出了受训者应该从培训中取得的成果。（   ）
21. 培训项目运营计划是指一个培训项目向正常目标推进所需要制订的有预见性的进程性计划。（   ）
22. 规划培训项目目标时最关键的是明确指出受训者在接受培训后所应掌握的知识与技能。（   ）
23. 在培训项目目标设定的标准中，"为新产品撰写产品说明"属于作业表现的表述。（   ）
24. 课程视频主要是指可以通过视频播放软件播放的内容，可以通过直接剪辑和直接引用两种方式开发课程视频。（   ）
25. 讲义制作费用属于培训项目费用预算中的培训前期费用。（   ）

26. 高效型执行者是企业成功的先决条件。（　　）
27. 企业为了实现销售目标和利润目标，应不断对销售人员开展产品知识、销售技巧等方面的培训，但心态属于个人因素，因此培训中没有必要涉及。（　　）
28. 生产人员培训项目管理主要包括生产人员培训计划制订、生产人员培训实施、生产人员培训效果评估。（　　）
29. 技术人员培训需求分析主要包括组织要求分析、技术岗位分析和个人分析三个方面。（　　）
30. 技术人员培训的主要目的是增强其在产品技术方面的研发能力，加强团队管理与自我管理，提升产品的质量水平。（　　）
31. 培训成果转化中的培训内容推广是指受训者将所学内容在工作中向同事进行宣传。（　　）
32. 培训开发迁移是指受训者持续而有效地将培训中所获得的知识、技能、行为和态度运用于工作当中，从而使培训工作发挥最大价值的过程。（　　）
33. 认知转化理论认为应该在培训开发项目中让受训者自行控制新技能及特定行为方式在工作中的运用。（　　）
34. 自我管理理论认为，一切新的有意义的学习都是在原有的学习基础上产生的，不受学习者原有的认知结构影响的学习是不存在的。（　　）
35. 学习迁移理论以信息加工模型为理论基础，信息的存储和恢复是该模型的关键因素。（　　）
36. 受训人员的认知结构中概括水平较高的观念越多、越清晰、越稳定，培训成果转化的效果就越好。（　　）
37. 培训成果转化的相关理论包括认知转化理论和人力资本理论。（　　）
38. 受训者虽然有各自的经验和经历，但不同的经历不会导致对培训不同的态度和行为。（　　）
39. 培训课程开发与设计是影响培训开发成果转化的主要因素。（　　）
40. 企业关于培训、员工知识和技能提高、创新、工作绩效改善的相关政策和规定，以及管理者对培训的态度和支持程度，是影响培训成果转化的重要因素。（　　）
41. 在培训成果转化的转化氛围因素中，上级、同事拒绝接受受训者应用培训所学属于惩罚反馈。（　　）
42. 在培训成果转化的转化氛围因素中，企业要求受训者应用培训所学的目标属于情节线索中的任务线索。（　　）
43. 组织特征，如高绩效团队、风险任务、革新文化、质量文化等，对培训成果转化有显著的预测作用。（　　）
44. 培训作为企业行为，目的在于改变员工的思维方式和行为习惯，提高组织绩效，形成企业竞争优势。（　　）
45. 在巩固培训效果时，建立学习小组有助于受训者之间相互帮助、相互激励和相互监督。（　　）
46. 人们在决定变化之前，往往要经历四个阶段：拒绝变化→迷惘丧气→准备变化→

采取行动。（ ）

47. 职业生涯管理从组织角度出发，将组织成员视为可开发增值而非固定不变的资本，通过激发组织成员对职业目标的努力，谋取组织的持续发展。（ ）

48. 无边界职业生涯的主要特点是员工已不再是在一个或两个组织中完成他们的终身职业生涯，而是在多个组织、多个部门、多个职业、多个岗位中实现自己的职业生涯目标，而且这个移动包含着心理或主观移动。（ ）

49. 员工可以离开企业单纯地讨论自我职业生涯发展，因为员工是会离职跳槽的。（ ）

50. 工作内容扩大化、丰富化和岗位轮换是职业生涯发展通道中的员工水平发展的一种模式。（ ）

（二）单项选择题（下列每题的选项中，只有1个是正确的，请将其代号填在括号内）

1. 企业的培训制度体系不包括（　　）。
   A. 培训风险管理制度　　　　　B. 培训预算制度
   C. 培训激励制度　　　　　　　D. 入职培训制度

2. 与培训对象签订无固定期限的劳动合同，培训合同中明确双方的权利义务和违约责任、加入保密条款和违约补偿条款等，是培训制度体系中的（　　）。
   A. 培训风险管理制度　　　　　B. 培训奖励制度
   C. 培训激励制度　　　　　　　D. 入职培训制度

3. 为了避免将培训制度变成实现个别人、个别部门利益合法化的手段，员工培训制度的建设要遵循（　　）原则。
   A. 与企业战略相匹配　　　　　B. 稳定与灵活相结合
   C. 一般和具体相结合　　　　　D. 合法与规范相结合

4. 了解行业知识，具有计算机应用能力、数据分析能力、研究问题能力等是人力资源培训与开发专业人员五角色理论中（　　）需要具备的能力。
   A. 分析／评估角色　　　　　　B. 开发角色
   C. 行政管理者角色　　　　　　D. 被培训者角色

5. 管理、市场营销、变革顾问、职业咨询是人力资源培训与开发专业人员五角色理论中（　　）的角色任务。
   A. 分析／评估角色　　　　　　B. 开发角色
   C. 行政管理者角色　　　　　　D. 战略角色

6. 培训者、设计者、创新者、顾问和管理者中，居中心位置的是（　　）。
   A. 培训者　　B. 设计者　　C. 顾问　　D. 管理者

7. 罗杰·贝尔特的五角色理论中，需要掌握培训需求分析、培训项目开发技能的是（　　）。
   A. 培训者　　B. 设计者　　C. 顾问　　D. 管理者

8. 罗杰·贝尔特的五角色理论中，需要组织能力和影响力的是（　　）。
   A. 培训者　　B. 设计者　　C. 顾问　　D. 管理者

9. 在培训开发部下面设立财务、生产等培训开发部的培训开发组织结构模式属于（   ）。
    A. 虚拟模式   B. 专业模式
    C. 客户模式   D. 矩阵模式
10. 课程内容的呈现要能够充分调动受训者的兴趣，进行课程内容的（   ）和故事化设计是调动受训者兴趣的有效做法。
    A. 情节化   B. 游戏化   C. 信息化   D. 数字化
11. 培训项目费用预算中属于培训前期费用的是（   ）。
    A. 学习风格测试费   B. 讲课费
    C. 教材购买费   D. 课程开发费
12. 在进行培训项目运营的培训前评估时，对受训者本人的能力水平和行为进行评估，主要包括受训者能力与（   ）、岗位需求、他人认知之间的差距。
    A. 个人发展需求   B. 个人业务需求
    C. 企业文化需求   D. 企业战略需求
13. 培训成果转化中培训内容（   ）是指受训者在遇到与学习环境类似情形时，能将所学技能应用于工作中。
    A. 保存   B. 维持   C. 推广   D. 转换
14. 培训成果转化理论是以（   ）理论为基础的。
    A. 学习迁移   B. 成人认知   C. 胜任素质   D. 自我管理
15. 培训成果转化的相关理论包括认知转化理论和（   ）。
    A. 情境领导理论   B. 自我管理理论
    C. 人力资本理论   D. 双因素理论
16. 认知转化理论认为，转化能否实现取决于认知结构的可利用性、可辨别性和（   ）。
    A. 可量化性   B. 通用性   C. 准确性   D. 稳定性
17. （   ）不是影响培训开发成果转化的主要因素。
    A. 个人特征   B. 转化氛围
    C. 组织特征   D. 培训课程设计
18. 影响培训成果转化的因素中，员工个人特征包括自我效能、认知能力、动机、（   ）等。
    A. 学习方式   B. 教学方式   C. 家庭背景   D. 文化特征
19. 部门经理公开反对受训员工在实际工作中应用所学，这属于培训转化氛围结果因素中的（   ）反馈。
    A. 积极   B. 消极   C. 惩罚   D. 零
20. 组织特征对受训者（   ）、转化动机有显著的影响，越是绩效好的组织，受训者越相信自己的努力学习能够带来预期的回报，进而越有可能将培训所学应用到工作中，实现培训成果的有效转化。
    A. 学习动机   B. 自我效能   C. 积极心理   D. 成就感

21. 人们在决定变化之前，往往要经历四个阶段，包括拒绝变化、迷惘丧气、准备变化和（　　）。
  A. 学习转化　　　B. 采取行动　　　C. 参加培训　　　D. 态度改变

22. 美国组织行为学家道格拉斯·霍尔认为职业生涯是一个人一生工作经历所包括的一系列活动和行为，包含外职业生涯和内职业生涯两个方面，（　　）属于内职业生涯。
  A. 从事职业的职务　　　　　　B. 从事职业的心理素质
  C. 从事职业的工作单位　　　　D. 从事职业的时间

23. 职业锚理论的提出者是（　　）。
  A. 埃德加·施恩　　　　　　B. 戴维·尤里奇
  C. 彼得·德鲁克　　　　　　D. 约翰·霍兰德

24. 职业目标设定时要注意两个方面，一个是目标的长短，另一个是目标的（　　）。
  A. 深浅　　　B. 高低　　　C. 远近　　　D. 内外

25. 职业生涯发展通道中双通道发展模式的通道包括管理通道和（　　）通道。
  A. 职能　　　B. 业务　　　C. 专业技术　　　D. 职称

● **（三）多项选择题**（下列每题的选项中，至少有2个是正确的，请将其代号填在括号内）

1. 培训制度体系是指能够直接影响和作用于组织培训系统及其活动的各种（　　）的总和。
  A. 法律　　　　　　B. 规章
  C. 制度　　　　　　D. 政策
  E. 文化

2. 入职培训制度通常包括入职培训的意义和目的、入职培训的适用范围、请假手续和补救措施、（　　）等。
  A. 入职培训的基本要求　　　　B. 入职培训的基本方法和形式
  C. 入职培训期间的待遇　　　　D. 实施主体和各层各部门的责任人
  E. 培训测评标准

3. （　　）是企业常见的培训风险防范制度。
  A. 与培训对象签订无固定期限的劳动合同
  B. 加入保密条款和违约补偿条款
  C. 签订培训合同
  D. 建立严格的考核评估制度
  E. 扣押相关证件

4. 人力资源部门在培训管理工作职能体系中承担的是（　　）等角色。
  A. 拟定培训战略　　　　　　B. 执行培训战略
  C. 培训辅导与跟踪　　　　　D. 审定培训计划
  E. 日常培训运营管理

5. 培训开发的组织结构模式中客户模式的优点是（　　）。
  A. 针对性强，能较好地把握客户或职能部门的培训需求

B. 节省培训师，培训师资源得到充分利用

C. 培训师受多重领导，资源丰富

D. 能较好地解决组织结构相对稳定和培训开发任务多变之间的矛盾

E. 能较系统全面地规划客户的培训开发内容

6. 培训开发的组织结构模式有（　　）等。

A. 客户模式　　　　　　　　B. 专业模式

C. 直线模式　　　　　　　　D. 矩阵模式

E. 虚拟模式

7. 英国培训专家罗杰·贝尔特提出的人力资源开发专业人员五角色理论包括（　　）。

A. 设计者　　　　　　　　　B. 创新者

C. 顾问　　　　　　　　　　D. 管理者

E. 培训者

8. 培训者、设计者、创新者、顾问和管理者中，需要具备开阔视野、灵活思维，具有相关经验、敢于承担风险和责任等素质的是（　　）。

A. 培训者　　　　　　　　　B. 设计者

C. 顾问　　　　　　　　　　D. 管理者

E. 创新者

9. 培训项目课程开发主要包括（　　）、课程故事的开发、课程互动环节的设计等环节。

A. 课程内容的呈现　　　　　B. 课程的导入

C. 课程脚本的设计　　　　　D. 课程视频的开发

E. 课程的总结和回顾

10. 培训项目中属于培训准备费用预算的是（　　）。

A. 课程开发费　　　　　　　B. 场地租赁费

C. 教材购买费　　　　　　　D. 餐饮费

E. 讲课费

11. 编制培训目标时需要不断修改初稿，并明确（　　）的答案。

A. 企业希望受训者能够做什么

B. 企业希望受训者在哪些特定情况下表现出这些行为

C. 企业希望受训者的作业水平达到什么标准

D. 个人希望符合兴趣的培训内容是什么

E. 竞争对手在进行什么培训

12. 对高效型执行者培训可以采用的步骤有（　　）。

A. 重新定义执行者和领导者

B. 提高执行者的素养

C. 完善激励机制

D. 工作评价与反馈

E. 创设对骨干人员有鼓舞力的组织结构

13. 培训成果转化的相关理论包括（　　）。

A. 认知转化理论　　　　　　　B. 自我管理理论
C. 职业生涯理论　　　　　　　D. 个人认知理论
E. 双因素理论

14. 培训成果转化的意义包括（　　）。
A. 体现培训工作价值　　　　　B. 企业竞争力提升的关键环节
C. 提升员工工作效率　　　　　D. 体现培训组织者的业绩
E. 节省培训费用

15. 关于认知转化理论的描述正确的是（　　）。
A. 强调要注意培训开发知识与受训人员原有知识和经验的衔接
B. 新知识与同化它的原有观念系统的可分辨程度越高越有利于新知识的学习
C. 认知结构中可用来起固定作用的适当观念越多，越有利于培训成果转化
D. 受训者自行控制新技能在工作中的运用越多，越有利于培训成果转化
E. 认知结构中可用来起固定作用的适当观念越多，越不利于培训成果转化

16. 培训管理中运用到的现代学习迁移理论包括（　　）。
A. 认知转化理论　　　　　　　B. 成人学习理论
C. 人岗匹配理论　　　　　　　D. 自我管理理论
E. 胜任素质理论

17. 影响培训成果转化的个人特征包括（　　）等。
A. 自我效能　　　　　　　　　B. 任职岗位
C. 认知能力　　　　　　　　　D. 动机
E. 革新文化

18. 培训转化氛围包含的主要因素是（　　）。
A. 情境线索　　　　　　　　　B. 同事关系
C. 结果　　　　　　　　　　　D. 培训方式
E. 社会环境

19. 为了巩固培训效果，培训人员可建议管理者采取（　　）等方法。
A. 建立学习小组　　　　　　　B. 要求受训者制订行动计划
C. 营造支持性的工作环境　　　D. 实施多阶段培训方案
E. 加强考核力度

20. 提高管理培训的实效，需要做好的工作包括（　　）。
A. 做好变革的准备　　　　　　B. 鼓励、保持和评估变革
C. 培训与发展　　　　　　　　D. 确保组织支持
E. 奖励良好行为

21. 应用表单是将培训中的（　　）等内容用表单的形式提炼出来，便于受训者在工作中应用。
A. 程序　　　　　　　　　　　B. 课程
C. 步骤　　　　　　　　　　　D. 方法
E. 教材

22. 职业生涯管理是指企业通过帮助员工制定职业生涯规划和帮助其职业生涯发展的一系列活动，以竭力满足（   ）需要的一个动态过程。
    A. 员工
    B. 企业
    C. 部门
    D. 业务
    E. 管理者

23. 职业生涯管理的特征包括（   ）等。
    A. 组织为其成员设计的职业计划
    B. 必须满足个人和组织的双重需要
    C. 一种动态管理
    D. 形式多样、涉及面广
    E. 必须引入外部专业机构帮助实施

24. 职业生涯管理的程序包括（   ）等。
    A. 确定个人需求和组织需求，并使之相匹配
    B. 识别职业机会，设定职业目标
    C. 评估员工的潜能
    D. 制定行动规划并给予员工特定的支持
    E. 评估和反馈

25. 职业生涯发展通道包括（   ）。
    A. 单通道发展模式
    B. 双通道发展模式
    C. 多通道发展模式
    D. 立体发展模式
    E. 网状发展模式

【技能部分】

案例1

案例背景

悦华科技公司是一家有20多年历史的大型通信服务企业，拥有近800人的员工队伍。咨询服务中心是公司最大的部门，部门内100多名员工根据服务项目分成若干团队。前几年，在公司业务快速扩张时，咨询服务中心招聘了一批大学生充实团队，经过几年的磨合、优化和业务流程的完善，大大提高了部门的工作效率，获得了公司领导和其他部门的好评。

然而，好景不长，当年的大学生现在已成长为各业务板块的骨干，他们纷纷要求换岗或者跳槽，近两年咨询服务中心出现了人才流失。就连刚升任部门经理助理的王伟也多次向领导反映希望重返业务岗位。

王伟表示："我是真的不想做部门经理助理，如果可以选择的话，我还是喜欢做业务、做实事。我知道可能是我的人缘比较好，领导看得起我所以让我做管理工作。但是，现在在管理方面的工作量大，我没有太多的时间更深入地学习业务，而管理工作也是边工作、边自学，我觉得自己的管理能力不够，做起来很吃力。团队里的很多员工也是牢骚满腹，有不少员工还是比较适合做业务的，但现在还承担比较多的事务性工作。我们现在主要是

师傅带徒弟，其他培训比较少，不利于大家成长。"

人力资源部夏明经理找到了刚提出辞职申请的咨询服务中心员工李华。李华说："我进公司已5年多了，业务能力在团队中数一数二，其他员工在工作中遇到问题通常都会寻求我的帮助，新进员工大多也是由我带教培训。总觉得自己应该有升职的机会，但是就目前部门实际情况来看，一个经理、一个副经理、两个经理助理，各团队都配有一个业务主管，且都是资历较深的老员工。对我或其他年轻骨干而言几乎没有任何升职的希望或机会，我只能另外寻找发展的机会和路径。"

案例思考

1. 该公司在员工培养和发展方面存在什么问题？
2. 如果你是人力资源部经理，你该如何解决这些问题？

案例2

案例背景

海丰公司是一家机电产品研发和生产企业，由于业务快速增长，公司招聘了大量新员工。最近，研发和质量控制方面出现了问题，客户的投诉增加。

总经理十分重视，要求人力资源部迅速解决这个问题。人力资源部针对这个问题，实施了针对产品设计部与质量控制部的40多名员工的岗位技能培训，公司投入了相当大的资源，包括培训场地、培训时间、培训材料和培训讲师。

培训结束后，人力资源部着手跟进培训成果转化。但是评估结果让人不是十分满意。在课堂上非常认真的员工，实际工作中的技能并没有明显改善或提高，有些甚至忘了培训的内容。有些员工对培训显得满不在乎，并没有认真对待。人力资源部经理周启明随即与部门经理做了沟通。部门经理虽然都表示十分重视培训，但当周启明请他们指出员工哪些方面存在不足时，他们却基本予以回避，不承认他们的员工在培训成果转化方面存在问题。周启明向两位部门经理提出，希望他们严格执行培训目标的跟进，对不愿意或勉强提升工作技能的员工予以一定的惩戒。

但是周启明发现两位部门经理对培训目标的落实并不关心，他们更看重与员工建立良好的关系，从而推动员工努力工作，并不希望按照培训目标严格控制员工，认为这会影响他们自己与员工已经建立的良好关系。周启明亲眼看到质量控制经理指出一个员工没有按照培训课程要求的流程进行操作，这位员工嬉皮笑脸地说："呵，老大，我下回记住就是了。"质量控制经理笑着拍拍他的肩膀就走了。

案例思考

1. 请分析这次岗位技能培训效果不佳的原因。
2. 该公司应如何达到员工培训的效果？

案例3

案例背景

鹤峰公司是一家从事航天技术开发的高科技企业，拥有一大批高学历、高技能的人才。公司一贯重视员工的培养，鼓励员工参加各类在职教育，并在费用和时间上给予支持。

根据公司的在职教育补贴政策，员工取得学位证书后，公司承担75%的学费和教材费，个人承担25%。几年来，公司的工程师中大约有50%通过该政策取得了硕士学位。公司将员工的继续教育作为一种长效机制来实施，希望以此提高员工的士气和对公司的忠诚度。这个培训政策已经成为一项固定的员工福利。

严忠和是公司系统开发部经理，在公司工作了15年，为公司培养出许多骨干员工。但是最近几年，他看到部门里很多工作积极、技能高超的骨干人员在获得硕士或者博士学位后都离开了公司，十分心痛。

几天前，一位叫张天英的电气工程师来找严忠和。张天英也是公司补贴政策的受益人，半年前刚获得在职硕士学位，是严忠和的得力干将。张天英向严忠和表示歉意，因为看不到升职的机会，所学的知识在实际工作中也没有太大的作用，他决定离职。虽然张天英很感激公司和严忠和对他的培养，但是其他公司有一个新项目可以发挥他这几年的所学，而且还许诺给他更高的职位，权衡再三他还是决定辞职。

案例思考
1. 鹤峰公司在培训管理上存在什么问题？
2. 如果你是人力资源部经理，你会如何完善培训制度？

案例4

案例背景

锐进精密机械公司目前有六个制造部门、一个销售中心和一个管理中心。近年来，随着业务的不断发展，公司管理人员和基层员工不断增加，这对公司管理提出了更高的要求。公司领导认为有必要进一步完善和强化公司培训制度，以吸引和保留高素质人才，提高人力资源效率，谋求企业更大的发展。

因此，公司总经理和人力资源部经理积极推动培训的实施，并邀请外部的培训公司参与公司培训方案设计的讨论。公司根据培训公司提供的受其客户欢迎的培训课程，编制了详细的培训方案。方案中包括了培训公司推荐的外部管理培训课程，期望通过培训提升高潜质员工的管理能力，以便把他们提拔到管理岗位上。方案中还包括一些内部培训，主要针对新员工，让他们快速融入企业。培训形式较为多样，有课堂培训、素质拓展训练等。同时，公司对培训时间进行了明确的要求，要求每个员工每年必须参加一定时间的培训。此外，公司对于技术职称、技能等级认定等社会性考试或培训十分重视，对于通过的员工给予费用报销。

然而一年下来，员工对培训的反馈呈两极化，有些员工心存不满，觉得培训对自己的帮助不大，浪费时间，有些部门的经理觉得公司花了钱，但员工的绩效没有提高。而有些员工则收获满满，尤其是那些获得正式学历和接受高端管理培训的员工，但也出现了这部分员工跳槽的现象。总经理很困惑，花了不少培训费，但没有达到预期的效果，到底问题出在哪里？

案例思考
1. 该公司的培训未达到预期效果的原因有哪些？
2. 该公司应如何改进培训管理措施？

四、参考答案

【理论知识部分】

(一) 判断题

1. × 2. √ 3. √ 4. √ 5. √ 6. √ 7. × 8. √ 9. √ 10. ×
11. × 12. × 13. √ 14. √ 15. √ 16. √ 17. √ 18. × 19. × 20. √
21. √ 22. × 23. √ 24. × 25. × 26. √ 27. × 28. √ 29. √ 30. √
31. √ 32. √ 33. √ 34. × 35. × 36. √ 37. × 38. × 39. × 40. √
41. × 42. √ 43. √ 44. √ 45. √ 46. √ 47. √ 48. √ 49. × 50. √

(二) 单项选择题

1. B 2. A 3. A 4. A 5. D 6. D 7. B 8. D 9. C 10. A 11. D 12. D
13. C 14. A 15. B 16. D 17. D 18. A 19. C 20. A 21. B 22. B 23. A
24. B 25. C

(三) 多项选择题

1. ABCD 2. ABCD 3. ABC 4. ABE 5. AE 6. ABDE 7. ABCDE 8. CE
9. ABCD 10. BC 11. ABC 12. ABDE 13. AB 14. AB 15. ABC 16. AD
17. ACD 18. AC 19. ABCD 20. ABCD 21. ACD 22. ABE 23. ABCD
24. ABCDE 25. ABCE

【技能部分】

案例1

答题思路

1. 公司在员工培养和发展方面存在的问题

(1) 没有根据公司发展战略规划建立员工职业发展通道。

(2) 员工发展晋升机制不完善，存在论资排辈的现象，缺乏科学的评价标准和相应的制度和流程。

(3) 员工培养机制不健全，缺乏岗位轮换、挂职锻炼、项目锻炼等人才培养模式，缺乏后备人才梯队建设。

(4) 对于员工的职业发展需求不明确，缺乏员工职业发展指导。

2. 公司在员工培养和发展方面的改进措施

(1) 针对公司发展战略目标，设计员工职业发展"双通道"或"多通道"的模式，为员工的个人发展提供更多的机会。

(2) 了解员工的职业发展意愿，指导员工进行职业生涯规划。

(3) 完善公司内部员工晋升、任用标准和相关操作流程，为员工提供公平的职业发展机会。

（4）完善培训体系，丰富培训模式，通过轮岗等培训方式帮助不同员工提高能力，为员工的职业发展奠定基础。

案例 2

答题思路

1. 岗位技能培训效果不佳的原因

（1）缺乏对公司战略的理解，培训需求分析不完善，没有从组织、任务、员工三个层面进行深入分析。

（2）培训结果与部门、员工绩效不挂钩，培训目标与员工个人职业发展没有联系。

（3）缺乏与部门经理的有效沟通和宣传，部门经理缺乏对培训项目的理解。培训工作得不到部门经理的支持，形式上重视，实际上应付。

2. 达到培训效果的对策

（1）充分理解公司发展战略，加强与业务部门经理沟通，使其认同培训对部门绩效的价值，取得部门经理的支持和帮助。

（2）深入开展技能培训重要性的宣传，与员工充分沟通培训的必要性和价值，让员工认识到培训既能提高员工对组织的价值，也有利于提高个人竞争力。

（3）加强培训成果转化的有效落地，通过建立学习小组、制订行动计划、营造支持性工作环境等措施提高培训成果转化效果。

（4）培训结果要纳入部门经理和员工的绩效考核内容，与晋升和薪酬挂钩。

案例 3

答题思路

1. 培训管理存在的问题

（1）公司培训制度和公司发展战略匹配度不够，培训制度没有结合公司业务发展目标制定，培训制度缺乏规范性管理。

（2）缺乏整体培训管理的规划，培训投入只体现在学历方面，不利于企业长期培养人才目标和计划的实现。

（3）员工培训的后续管理不到位，对参加相关培训或者获得相关学位的人员，在使用和职业发展方面缺乏跟进的措施。

（4）培训管理制度缺乏风险管理和控制，导致参加培训的员工离职现象不断发生，影响公司业务的发展。

2. 完善培训制度的建议

（1）建立与公司发展目标相匹配人才培养战略，规范人才培养机制。

（2）根据公司业务发展需求不断完善和调整培训管理制度，按照规定的程序进行，避免主观性。

（3）培训管理制度要有系统性，要建立员工培训档案，持续跟踪培训成果，创造条件让受训人员学有所用。

（4）建立培训服务制度，加强培训风险管理和控制，对某些培训项目约定服务期。

案例4

答题思路

1. 培训未达到预期效果的原因

（1）没有结合公司发展战略建设培训制度体系，仅以培训公司提供的课程作为计划的依据，培训需求调研与分析缺失。

（2）培训管理制度与政策不完善，缺乏对公司业务的支持。

（3）缺乏培训过程和结果的全面评估，没有及时发现和改进实施中的问题。

（4）缺乏有效的培训投资风险控制。

2. 改进培训管理措施的建议

（1）结合公司发展战略，从组织、任务和员工层面确定培训需求，并进行培训现状与需求调研。

（2）提高人力资源部人员培训管理专业能力。

（3）建立完善的培训管理机制，明确奖惩，并与参与投入较大的培训项目的培训对象签订培训协议。

（4）结合培训内容设计培训模式和课程，编制公司的培训计划。

（5）加强培训过程的控制与评估，优化培训效果。

第四单元

绩效管理

一、学习要求

通过本单元的学习,学员应掌握如何建设绩效管理体系,如何实施绩效管理,以及绩效评估的结果分析、应用与绩效改进相关知识。

二、职业技能等级认定要点

【理论知识部分】

认定范围	认定点	知识点	重要性系数
绩效管理体系建设	绩效管理制度	绩效管理制度的内容	9
		绩效管理制度的设计要求	
		绩效管理制度的建立方法与设计步骤	
		绩效管理制度的实行过程	
	绩效管理团队与培训	绩效管理团队角色	5
		绩效评估者的培训	
	绩效管理风险控制	企业绩效管理中的误区	9
		评估者主观上的错误及改进措施	
		评估技术上的错误	
		评估结果的误差原因分析及调整	
		减少绩效评估误差的措施	
绩效管理实施	绩效辅导	绩效辅导的作用	9
		绩效辅导时机的选择	
		绩效辅导风格的选择	
		绩效辅导程序及注意事项	
	绩效目标变更	目标实现过程中的变更	5
		目标实现过程中的修正	
绩效评估结果的分析应用与绩效改进	绩效评估结果分析与应用	绩效评估结果分析	5
		绩效评估结果应用	
	绩效改进	绩效改进的原则	5
		绩效改进的步骤	
		绩效改进设计的主要工作	

【技能部分】

序号	认定内容	重要性系数
1	制定绩效管理制度	9
2	确定绩效评估的方法并筹划组织评估活动	9
3	反馈绩效评估结果并提出改进与发展建议	5
4	处理绩效评估申诉	5

三、练习题

【理论知识部分】

（一）判断题（下列表述正确的请画"√"，错误的请画"×"）

1. 绩效管理制度设计前的调查内容包括了解相关法律法规、企业内部制度实施情况、社会平均工资水平等。（　　）
2. 绩效管理制度需要说明绩效管理过程中各类人员承担的职责、分工及应遵循的原则等内容。（　　）
3. 绩效评估制度主要强调评估的分工、评估方法的选择，以及评估的操作流程和评估计划。（　　）
4. 全面完整、公正客观属于绩效管理制度设计的基本要求。（　　）
5. 绩效管理指标的贯彻执行必须保证绩效管理的科学性、合理性和公平性，剔除个人偏好等感情因素，这是绩效管理制度设计时应体现的民主性与透明性要求。（　　）
6. 小范围试点法是绩效管理制度的建立方法之一。（　　）
7. 绩效管理制度的设计步骤包括成立制度设计工作组、征求员工意见、开展绩效面谈等。（　　）
8. 绩效管理制度必须告知才能生效。（　　）
9. 及时有效原则是绩效管理制度解释的原则之一。（　　）
10. 企业平均工资水平发生变化是可以更新绩效管理制度内容的情况之一。（　　）
11. 员工在绩效管理中拥有发言权，是重要参与人。（　　）
12. 绩效管理团队各角色中，人力资源部最重要。（　　）
13. 总经理在绩效管理中应该全面负责，是绩效管理的直接责任人。（　　）
14. 为了统一各个评估者对评估指标、评估标准的理解，需要对绩效管理人员进行培训。（　　）
15. 绩效培训需求分析涉及制度、工作和人员三个层面。（　　）
16. 需要对评估者进行评估方法、绩效反馈等方面的培训。（　　）
17. 运行高效顺畅的绩效管理必然包含充分的沟通和有效的反馈机制。（　　）
18. 在绩效管理团队中，人力资源管理人员作为绩效评估和反馈中合作伙伴的角色，

主要职责是认真仔细填写评估表。（　　）

19. 在进行绩效评估时，过多地从被评估者近期表现出发，而忽视长期一贯表现的现象是绩效评估主观错误中的晕轮效应。（　　）

20. 绩效评估只是绩效管理过程中的一个环节，绩效评估绝不等于绩效管理，完整的绩效管理是包括绩效计划、绩效评估、绩效分析、绩效沟通与改进的系统管理活动。（　　）

21. 暗示效应是绩效评估的评估者主观错误之一。（　　）

22. 绩效评估者如果期望提高员工凭绩效结果提薪的合格率，容易造成绩效评估抬高评估的错误结果。（　　）

23. 马太效应是指评估者在对被评估者进行绩效评估时，把绩效中的某一方面，甚至是与工作绩效无关的某一方面看得过重而影响了整体绩效的评估结论。（　　）

24. 评估者对评估工作本身缺乏信心是导致绩效评估严格或宽松错误的原因之一。（　　）

25. 指标设计错误是绩效评估的评估者客观错误之一。（　　）

26. 管理者在绩效辅导过程中应该扮演"教练"的角色。（　　）

27. 绩效辅导中优秀的指导者与员工建立一对一的密切联系，帮助他们制定具有挑战性的目标和任务，给他们提供反馈，并在他们需要时提供支持。（　　）

28. 有效的绩效辅导必须掌握辅导的时机，确保及时、有效地对员工进行指导。（　　）

29. 员工需要咨询一件事时是进行有效绩效辅导的好时机。（　　）

30. 当员工工作业绩出现问题时，如员工的工作行为或态度不符合标准而其自身尚未发觉时，管理者应及时给予员工提示和指导以纠正其不当行为或态度。（　　）

31. 领导情境理论把领导行为划分为任务行为和岗位行为两个维度。（　　）

32. 领导情境理论比较重视下属的成熟度，即员工完成任务的态度和意愿。（　　）

33. 对员工进行绩效辅导时需要信任员工，给予员工独立工作的机会。（　　）

34. 在路径-目标理论中，支持型领导是指由领导者发布指示，下属不参与决策的领导风格。（　　）

35. 戴明环包括计划、执行、检查、处理四个部分。（　　）

36. 绩效目标执行中的变更是指目标执行过程中对评估标准进行修改。（　　）

37. 对绩效目标进行局部变更叫作目标修正。（　　）

38. 绩效目标实现过程中的变更是指目标实现过程中对目标进行修改，甚至重新规划。（　　）

39. 企业只有在面临突发事件或者业务流程发生变化时才可以进行绩效目标修正。（　　）

40. 当企业战略发展方向发生转变时需要进行绩效目标修正。（　　）

41. 以人员、部门、公司为变量，对不同考核期的同一考核指标进行比较分析是考核结果的横向比较分析。（　　）

42. 在绩效评估结果分析过程中，对难以量化的能力类指标和可量化的业绩类指标需要采用统一方式来分析。（　　）

43. 在对绩效评估结果进行分析时，应注意区别对待不同类型指标及按层次进行结果

分析。（　　）

44. 绩效评估结果应用范围主要包括制订绩效改进计划，作为调薪、奖惩、晋升或降级的依据，作为绩效改进方案的设计依据等。（　　）

45. 绩效评估结果是对员工进行岗位调整的重要依据。（　　）

46. 企业绩效和个人绩效的提升是人力资源部门的工作重点，实现这一目标的途径就是绩效改进。（　　）

47. 强调采用"执果索因"与"对症下药"相结合的方式解决企业绩效和个人绩效问题属于绩效改进的系统思维原则。（　　）

48. 在寻找影响绩效目标实现的因素时，可以采用5W1H①分析法，或者通过访谈、数据分析等手段进行。（　　）

49. 意愿和能力是导致绩效问题的主要原因之一，改变意愿和提升能力是绩效管理者开展绩效改进工作的重要内容。（　　）

50. 在进行绩效改进设计时，可以从行业因素和战略因素分析绩效管理体系是否符合企业现状。（　　）

（二）单项选择题（下列每题的选项中，只有1个是正确的，请将其代号填在括号内）

1. 企业的绩效管理制度包括管理制度和（　　）两部分。
   A. 沟通机制　　B. 晋升制度　　C. 评估制度　　D. 培训机制

2. （　　）不是绩效管理制度告知的内容。
   A. 告知绩效管理制度的监督机制、考核机制及追责机制
   B. 告知受约人享有对制度内容提出建议和意见的权利
   C. 告知绩效管理制度的实施和生效时间
   D. 告知考评小组成员名单

3. 要做到绩效管理制度告知的及时性和覆盖的全面性，途径的选择至关重要，一般可供选择的途径包括电子邮件、公司内部网络、（　　）等。
   A. 员工签收　　　　　　　　B. 开会宣读
   C. 部门传达　　　　　　　　D. 签订合同时作为附件

4. 绩效管理制度的解释是指绩效管理制度的制定者和解释者应当根据制度制定的原则，按照一定的程序对绩效管理制度的规定、含义进行解释和说明，（　　）不属于解释的基本原则。
   A. 系统解释原则　　　　　　B. 目标统一原则
   C. 长远发展原则　　　　　　D. 长短结合原则

5. 企业绩效管理制度一般分为管理制度和评估制度，其中管理制度的内容主要包括制定制度的目标宗旨，各类人员承担的职责、分工及（　　）。
   A. 评估指标的选择和确定　　B. 评估方法的选择和确定
   C. 绩效管理应遵循的原则　　D. 评估过程的设计和操作

---

① 5W1H是指为什么（why）、谁（who）、内容是什么（what）、时间（when）、在哪里（where）、如何进行（how）。

6. 绩效管理制度的解释途径包括集中培训和（　　）等。
    A. 邮件群发　　　B. 部门传达　　　C. 公告　　　D. 作为制度的附件
7. 绩效管理制度设计前的调查内容包括了解相关法律法规、企业内部制度实施情况和（　　）等。
    A. 企业的核心制度　　　　　B. 社会平均工资水平
    C. 同行业相关制度　　　　　D. 绩效评估的方法
8. （　　）不是绩效管理制度的建立方法。
    A. 小范围试点法　　　　　B. 管理人员动员法
    C. 行为访谈法　　　　　　D. 引入第三方法
9. 在绩效管理团队中，承担业务流程的熟练掌握者角色的是（　　）。
    A. 总经理　　　　　　　　B. 人力资源经理
    C. 直线经理　　　　　　　D. 员工
10. 在绩效管理团队中，直线经理承担的角色是（　　）。
    A. "救火队员"　　　　　　B. 绩效公证员
    C. 绩效管理专家　　　　　D. 绩效管理宣传员
11. 在绩效管理团队中，人力资源管理人员作为绩效评估和反馈中合作伙伴的角色，其主要职责是（　　）。
    A. 认真仔细填写评估表
    B. 寻求并接受关于个人绩效的建设性反馈
    C. 培训自我管理的团队怎样提供反馈
    D. 准确理解绩效期望和评估标准
12. 强制分布法在绩效评估过程中避免的错误是（　　）。
    A. 近因效应　　　　　　　B. 趋中效应
    C. 个人偏见　　　　　　　D. 马太效应
13. 绩效评估的评估者常见主观错误的晕轮效应的提出者是（　　）。
    A. 埃德加·施恩　　　　　B. 戴维·尤里奇
    C. 爱德华·桑代克　　　　D. 弗洛伊德
14. 领导情境理论中高工作/低关系的领导风格是（　　）。
    A. 指示　　B. 推销　　C. 参与　　D. 授权
15. 领导情境理论把领导行为分为（　　）行为和关系行为两个维度。
    A. 管理　　B. 工作　　C. 业务　　D. 沟通
16. 领导情境理论的提出者之一是（　　）。
    A. 保罗·赫塞　　　　　　B. 罗伯特·豪斯
    C. 爱德华兹　　　　　　　D. 麦克利兰
17. 绩效管理人员培训需求分析涉及组织、（　　）和人员三个层面。
    A. 流程　　B. 工作　　C. 直线经理　　D. 制度
18. 评估方法、评估工具及评估指标的不合适会造成评估标准界定不清、评估指标过于单一及（　　）等问题。

A. 评估指标有趋中错误　　　　　　B. 评估指标有马太效应
C. 评估指标设计不合理　　　　　　D. 评估指标有近因效应

19. 绩效辅导过程中要对员工的工作方法和（　　）进行及时的评估。
A. 工作结果　　B. 工作过程　　C. 工作态度　　D. 工作流程

20. 绩效目标变更一般由（　　）提出，然后召开专门会议对目标是否需要变更进行讨论、商议。
A. 员工　　　　　　　　　　　　B. 直线经理
C. 人力资源管理者　　　　　　　D. 企业高层领导

21. 绩效目标修正的原因包括（　　）。
A. 国家宏观政策调整　　　　　　B. 企业组织结构发生变化
C. 实现绩效目标的方法需要调整　D. 企业内部重要人员流失

22. （　　）属于绩效评估结果的横向比较法的内容。
A. 单项评估指标的平均水平与任一年度比较
B. 分析各单项评估指标的平均水平历年变化趋势
C. 分析单项评估指标平均值的历年变化趋势
D. 对于同一员工的各个指标进行比较

23. （　　）是绩效管理最关键的环节，也是绩效考核的最终目的。
A. 调薪　　　　B. 奖惩　　　　C. 晋升降级　　D. 绩效改进

24. "牵一发而动全身"的特点需要在进行绩效改进时符合（　　）原则。
A. 系统思维　　B. 结果导向　　C. 流程最优　　D. 效益最佳

25. 对于新兴行业或服务行业等，可以采用（　　）作为主要方法建立绩效管理体系，以体现项目制运作、快速反应、计划多变、知识型员工更加重视自我管理、自我实现等特点。
A. 关键成功领域　　　　　　　　B. 关键成功要素
C. 目标与关键成果　　　　　　　D. 目标管理

● **（三）多项选择题**（下列每题的选项中，至少有2个是正确的，请将其代号填在括号内）

1. 绩效管理制度中的评估制度主要包括（　　）等内容。
A. 评估指标的确定　　　　　　　B. 评估方法的选择
C. 评估过程的操作流程　　　　　D. 评估计划
E. 评估团队的构成

2. 绩效管理中管理制度的内容主要包括（　　）。
A. 各类人员承担的职责　　　　　B. 如何分工
C. 应遵循的原则　　　　　　　　D. 评估方法的选择和确定
E. 评估过程如何管理

3. 绩效管理制度的设计要求包括（　　）。
A. 全面性和完整性　　　　　　　B. 相关性和有效性
C. 民主性与透明性　　　　　　　D. 及时性与客观性

E. 无关性和有效性

4. 绩效管理的配套制度包括（　　）。
   A. 完善的企业治理结构　　　B. 以绩效为导向的奖惩机制
   C. 以绩效为导向的业务流程　D. 预算评估机制
   E. 配套的信息平台

5. 制定绩效管理制度的方法包括（　　）等。
   A. 管理层拍板法　　　　　　B. 管理人员动员法
   C. 行为访谈法　　　　　　　D. 引入第三方法
   E. 职工代表大会投票法

6. 绩效管理制度的执行力受（　　）等因素影响。
   A. 企业的管理水平　　　　　B. 企业的管理体系关系
   C. 企业的支付能力　　　　　D. 企业文化
   E. 行业惯例

7. 绩效管理制度的设计步骤包括（　　）等。
   A. 成立制度设计工作组　　　B. 设计绩效管理制度
   C. 征求员工意见　　　　　　D. 进行绩效面谈
   E. 提交工会讨论

8. 绩效管理制度解释的原则包括（　　）。
   A. 目标统一原则　　　　　　B. 长远发展原则
   C. 清楚准确原则　　　　　　D. 系统解释原则
   E. SMART 原则

9. 绩效管理制度修订完善要坚持（　　）原则。
   A. 废　　　　　　　　　　　B. 撤
   C. 改　　　　　　　　　　　D. 删
   E. 立

10. 在绩效管理中，直线经理作为绩效评估和反馈中合作伙伴的角色，主要职责是（　　）。
    A. 理解怎样消除常见的评估误差　B. 利用绩效信息进行决策
    C. 协调绩效评估过程的管理　　　D. 诊断绩效中存在的问题
    E. 制定和主持申诉程序

11. 人力资源经理作为绩效管理的专家，承担着（　　）的角色。
    A. 绩效管理制度的制定人　　　　B. 业务流程的熟悉掌握者
    C. 直线经理的培训员　　　　　　D. 绩效管理的直接责任人
    E. 绩效沟通的执行人

12. 组织层面的绩效培训需求分析具体涉及（　　）等方面的内容。
    A. 组织目标和绩效管理目标的检验　B. 组织资源的评估
    C. 组织特征分析　　　　　　　　　D. 环境影响分析
    E. 法律法规分析

13. 绩效评估的技术问题包括（　　）等。
    A. 评估指标设计不合理　　　　B. 评估标准界定不清
    C. 评估指标过于单一　　　　　D. 评估指标有近因效应
    E. 评估指标多样化

14. （　　）属于绩效评估风险中的评估者主观错误。
    A. 暗示效应　　　　　　　　　B. 偏见定势错误
    C. 指标设计错误　　　　　　　D. 严格或宽松错误
    E. 评估技术使用不当

15. 绩效评估结果误差调整的方法有（　　）。
    A. 评估者"宽"和"严"的调整　B. 评估者经验调整
    C. 总经理调整　　　　　　　　D. 部门间调整
    E. 人力资源部调整

16. 管理者在绩效辅导过程中所扮演的"教练"角色的任务包括（　　）。
    A. 对员工进行指导
    B. 监控员工的工作过程
    C. 培养员工在工作中所需要的技巧和能力
    D. 设计考核指标
    E. 接受绩效申诉

17. 路径-目标理论的领导风格包括（　　）。
    A. 指示型领导　　　　　　　　B. 支持型领导
    C. 参与型领导　　　　　　　　D. 成就取向型领导
    E. 结果型领导

18. 路径-目标理论中下属控制范围之外的环境包括（　　）。
    A. 任务结构　　　　　　　　　B. 经验
    C. 正式权力系统　　　　　　　D. 工作群体
    E. 受教育程度

19. 绩效目标实现过程中的变更包括（　　）。
    A. 目标整体变更　　　　　　　B. 目标局部变更
    C. 短期目标变更　　　　　　　D. 长期目标变更
    E. 目标考核方法变更

20. 绩效目标实现过程中的变更原因包括（　　）。
    A. 国家宏观政策调整　　　　　B. 企业战略发展方向转变
    C. 企业组织结构发生变化　　　D. 企业员工能力不足
    E. 企业内部重要人员流失

21. 绩效评估完成后，需要进行统计和分析的主要有（　　）。
    A. 优秀人数比例和不合格人数比例各为多少
    B. 不合格人员的主要不合格原因是什么
    C. 是否有明显的考评误差出现

D. 能胜任工作岗位的员工比例占多少

E. 评估过程是否顺利

22. 绩效评估结果分析的整体过程包括（　　）等。

A. 业绩指标结果分析　　　　　B. 业绩差距分析

C. 能力分析　　　　　　　　　D. 业绩环境分析

E. 业绩奖惩分析

23. 绩效评估结果应用的原则包括（　　）。

A. 以改进和提升员工的绩效，促进员工的职业发展为目的原则

B. 将员工个人的利益与企业利益紧密联系原则

C. 绩效评估结果应有利于人力资源的管理和决策原则

D. 公开公正透明原则

E. 既往不咎原则

24. 绩效改进的措施包括（　　）等。

A. 组织设计　　　　　　　　　B. 流程再造

C. 团队重整　　　　　　　　　D. 管理提升

E. 接班人计划

25. 寻找影响绩效目标完成的因素可以采用的方法有（　　）等。

A. 5W1H 分析法　　　　　　　B. PDCA[①] 法

C. 数据分析法　　　　　　　　D. 访谈法

E. 问卷调查法

【技能部分】

案例 1

案例背景

永康实业发展公司是一家大型电子产品制造企业，公司主要产品是磁性材料和集成电路板，分别占公司销售额的 60% 和 40%。

今年，公司决定加大绩效管理工作的力度，在各部门一级考核的基础上，加强部门二级考核工作。具体措施为：（1）各部门经理采用年薪制，实行年度考核；（2）部门员工采用岗位绩效工资制，实行月度、季度、年度考核，一线工人有季度奖金，销售人员有年终业绩提成奖金；（3）各部门经理都签订目标责任书，人力资源部将各个部门的年度目标进行分解，同时组织各部门制定员工的绩效目标以及考核标准。人力资源部还统一制作了绩效实施沟通表格，要求各部门保存好对每个员工的绩效沟通记录，人力资源部不定时进行检查。

第一个季度结束后，考核结果显示，各个部门内部员工的考核分数基本一致，员工的绩效工资拉不开差距，并且个别部门的绩效考核表单迟迟交不上来。另外，人力资源部了解到很多部门经理没有对员工进行有效的绩效沟通，不少员工反映对自己的绩效要求不清

---

① PDCA 是指计划（plan）、实施（do）、检查（check）、处理（action），是管理学上一个著名的循环。

楚。而部门经理反映现在的绩效考核需要很多数据，填很多表，平时工作挺忙的，绩效管理的要求也搞不清楚，差不多就行了。

第二个季度开始后，磁性材料销售部反映今年的绩效目标定得太高。原先公司判断磁性材料市场增长平稳、价格变动不大，集成电路市场复苏、价格上涨，因此决定磁性材料的销售考核目标在去年基础上增加10%，而集成电路板的销售考核目标为增长20%。现实情况却是集成电路板的市场需求增长幅度超出预期，同时价格也大幅上涨，公司决定将相关资源和原材料大量投入集成电路板的生产和销售。但问题是磁性材料和集成电路板都要用到的一种原材料库存不足，市场供应也不足。因此，公司决定全力保证集成电路板的生产。磁性材料由于原材料匮乏，产量没跟上，导致有些原来订货的客户撤销了订单，磁性材料销售部业绩很难达标。

案例思考
1. 该公司在绩效管理实施中存在什么问题？
2. 如果你是人力资源部经理，你会如何开展该公司的绩效目标修订工作？

案例2

案例背景

三诺公司为了更好地评价和激励员工，人力资源部制定了一套绩效管理方案，从"德、能、勤、绩"进行考评，考评程序和方法都有明确规定，并且细化了各项指标。通过360度考评方式，根据员工的实际行为，对照考评指标，即可得出考评最终结果，并直接与薪酬挂钩。

这套方法实施一年后，出现了一些问题。整个绩效考评过程由于采用360度考评方式，周期长，费时费力。最终的考评结果与员工实际绩效有出入：一些大家认为工作比较出色和积极的员工，绩效考评成绩却被排在后面，而一些工作业绩平平的员工却被排在前面。另外，一些部门主管对绩效考评结果排名次的方式有抵触。

设备部经理说："绩效考评指标多达十几个，却不能真实反映我们的实际工作业绩。我们负责公司所有设备的维护，责任重大，任何一次工作失误，都会给公司带来损失，但是指标上却无法体现这一点。"

行政部经理说："我们部门的工作琐碎繁杂，主要任务就是严格执行总经理办公室的指令，指标中的创新能力对我们没有实际意义，我们怎么打分？"

销售部经理抱怨说："考评使用部门互评的方式不合理。我们为了公司业绩免不了要满足客户的一些特殊需求，这样往往会得罪人。而且公司内部的有些部门对我们不了解，还常说我们又自由，薪酬又高，对我们有诸多不满，让这些部门给我们打分，怎么保证公平公正？"

年度绩效考评结果排名靠后的员工中有一些是平时积极努力工作的员工，按照绩效管理制度，这些员工需要降薪。

出现这样的问题，人力资源部感到十分棘手。

案例思考
1. 该公司的绩效管理方案主要存在哪些问题？
2. 该公司应如何优化绩效管理方案？

案例3

案例背景

某商业银行成立于1997年，设有10家支行和19个网点，总部设有7个部门，有职工460多人。商业银行成立后，肩负着支持当地经济、促进社会发展的重任，同时面临着与众多银行激烈竞争的严峻形势。作为新兴的地方性股份制商业银行，该商业银行机制比较灵活、服务态度较好，但总体规模较小、资产质量欠佳、员工素质参差不齐、管理手段相对落后。

随着竞争的加剧，为了迅速扩大规模、提高经营业绩，该商业银行高层领导决定从加强绩效管理入手，制定了一整套绩效考核和激励措施。

人力资源部由于缺乏经验，在一份国有银行绩效管理制度的基础上进行了一些简单修订后，制定了针对管理人员和一线业务人员的考核指标和考核管理办法。由银行高层领导和相关部门领导组成绩效考核小组，开展绩效考核工作。各部门负责人牵头组织本部门绩效考核，相关部门相互协作。

人力资源部在经过高层领导同意后，将绩效管理相关的制度、文档和表单下发到各个部门。年终绩效考核时，人力资源部要求各部门进行相应的评价，并由人力资源部回收统计数据。在执行和操作过程中出现的问题，受人手和精力限制，基本上是采取被动等待的方式解答问题，导致很多部门和员工意见较大。全行上下投入了大量时间和精力进行平时和年终绩效考核工作，但是实施结果却并不尽如人意。

高层管理人员觉得最终的考核结果没有很好地区分员工业绩的优劣，不能为激励员工和促进员工职业发展提供很好的支持和依据；中层管理人员（尤其是职能部门）在对员工进行考核时总感觉评价标准主观性强，以定性为主，真正评分时依据不充分，不容易操作，员工的绩效分数都处在平均成绩上下，差距不大；员工觉得考核结果不能真实全面反映个人工作业绩，不够公平，有些在岗位上兢兢业业且对业务发展有贡献的员工，绩效考核结果和那些表现平平的人也差不多，直接影响优秀员工的工作态度和情绪。

案例思考

1. 该商业银行的绩效管理效果不佳的原因有哪些？
2. 如果你是人力资源部经理，你会如何改进绩效管理？

案例4

案例背景

捷宏汽车贸易公司成立于2002年，公司的主营业务涵盖汽车整车进出口、汽车零部件进出口等。经过多年的发展，公司在市场上已颇具知名度。公司业务发展快速，人才管理却一直未跟上业务发展的步伐。

今年，公司为了更好地实现战略发展目标，聘请了有跨国公司工作经历的张素英担任人力资源部经理，以提升人力资源管理专业水平，尤其是绩效管理的效果。张素英通过深入调查，了解到绩效管理中的一些状况。

1. 目前，除销售人员的绩效围绕销售额、利润率、应收账款等量化指标开展考核外，其他职能部门岗位人员的考核以定性指标为主，完全依靠上级主管的个人主观印象打分。
2. 在日常工作中，部门经理很少主动与员工沟通工作进展或情况，只有到了某项工作或任务应该完成的时间点，才会匆匆忙忙地把员工叫进自己的办公室来了解情况。经常由于资源配置不合理等原因而导致员工工作拖延。

3. 绩效考核完成后，部门经理将绩效考核分数告知被考核人，双方签字确认后，便将考核表整理后交至人力资源部，员工对自己绩效所存在的问题一知半解，不知道如何改进。

4. 每年人力资源部按照各部门上报的绩效考核成绩进行排序，部门排名前5%的员工工资增加8%，排名最后5%的员工工资保持不变，其余员工工资上调4%。

案例思考

1. 该公司在绩效管理中存在哪些问题？
2. 该公司应如何改进绩效管理的效果？

四、参考答案

【理论知识部分】

（一）判断题

1. × 2. √ 3. × 4. √ 5. × 6. √ 7. × 8. √ 9. × 10. ×
11. √ 12. × 13. √ 14. √ 15. √ 16. √ 17. √ 18. √ 19. × 20. √
21. √ 22. √ 23. × 24. × 25. × 26. √ 27. √ 28. √ 29. √ 30. √
31. × 32. √ 33. √ 34. √ 35. √ 36. √ 37. √ 38. √ 39. × 40. ×
41. × 42. × 43. × 44. √ 45. √ 46. √ 47. × 48. √ 49. √ 50. √

（二）单项选择题

1. C 2. D 3. A 4. D 5. C 6. D 7. C 8. C 9. B 10. B 11. C 12. B
13. C 14. A 15. B 16. A 17. B 18. C 19. A 20. D 21. C 22. D 23. D
24. A 25. C

（三）多项选择题

1. ABCD 2. ABC 3. ABC 4. ABCDE 5. BD 6. AB 7. ABC 8. ABD
9. ACE 10. ABD 11. BC 12. ABCD 13. ABC 14. ABD 15. AD 16. ABC
17. ABCD 18. ACD 19. AB 20. ABCE 21. ABCD 22. ABCD 23. ABC
24. ABCDE 25. ACD

【技能部分】

案例1

答题思路

1. 绩效管理实施中存在的问题

（1）公司的绩效管理制度未能与业务部门进行充分沟通，管理者和员工对绩效管理的认知不充分，部门经理等岗位绩效考核周期不够合理。

（2）欠缺基于市场环境变化情况的绩效目标调整机制，未能及时结合企业业务重点变化进行绩效目标的调整。

（3）对部门经理和员工缺乏必要的绩效考核培训，下发表格多，提出措施少，任务观念重。

（4）绩效管理过程的评估和反馈不够。

2. 修订绩效目标的做法

（1）与高层管理人员和业务部门及时沟通，根据实际情况进行绩效目标调整。

（2）结合企业外部市场环境变化、企业战略发展目标和经营决策的调整，确定绩效目标需要修订的内容。

（3）绩效目标的内容调整后，如果这些内容涉及其他部门，需要同时进行相关部门的沟通和绩效目标修订调整。

（4）企业内部通过绩效目标修订原则进行确认，告知相关绩效考核对象并实施。

案例2

答题思路

1. 绩效管理方案存在的问题

（1）绩效管理方案制定过程中缺乏部门与员工的参与，导致实施过程中方案不被认同。

（2）没有从岗位的工作特点出发设立绩效考评指标，各类岗位工作绩效的指标过多，强调行为而忽视工作成果，导致考评指标和标准缺乏可操作性。

（3）对所有岗位都采取360度考评方式，使考评工作过于烦琐，无形中增加了考评人员的工作量。

（4）绩效考评主体选择不够合理，考评主体由于与被考评对象没有直接的工作关系，导致打分具有主观性。

2. 绩效管理方案的优化思路

（1）根据公司战略要求，完善年度绩效考评计划。在明确考评目标的前提下，对绩效考评的对象、内容、方式、方法、时间、步骤等做出明确规定。

（2）建立沟通机制，召开不同层级主管的情况说明会，通过深入交换意见，取得员工的理解，秉持公开公平公正的原则，调整措施，在达成共识的基础上实行。

（3）进行工作分析和岗位评估，按照岗位类别提取各类岗位关键绩效考评指标，运用SMART原则，采用定性与定量相结合的方法，确定各类考评指标的分级标准。

（4）做好绩效管理培训工作，对考评者进行必要的培训辅导，使他们掌握绩效考评的基本技术和技巧。

案例3

答题思路

1. 绩效管理效果不佳的原因

（1）高层领导对绩效管理缺乏有效认知，把绩效管理等同于绩效考核，未有效监督和协调实施中遇到的问题。

（2）绩效管理的主体不明确，人力资源部没有很好地担当自己的专家角色，在实施过程中未发挥作用。直线经理未担当好直接负责人的角色，绩效沟通、绩效评估等有待提高。

（3）绩效管理制度建立不合理，没有针对自己银行的特点进行绩效指标的设计，针对性不足，量化指标少，可操作性较差。

（4）绩效管理培训缺失，没有对管理者和员工进行绩效管理培训。

2．改进绩效管理的思路

（1）结合银行发展战略，制定具有符合自己银行管理需求的绩效管理制度体系。

（2）明确绩效考核的主体。公司高层领导、人力资源部、直线经理和员工各负其责，充分发挥各自作用。

（3）加强绩效考核指标的设定，注意收集、观察和记录各类数据信息，并进行持续不断的绩效沟通。

（4）完善绩效管理培训机制，加强部门经理和员工的培训，做好绩效管理宣传和动员，降低绩效管理中常见错误的发生率，增加员工参与度和认可度，提高绩效考核的有效性。

案例4

答题思路

1．绩效管理存在的问题

（1）绩效管理组织不到位，部门经理缺乏绩效管理的意识和方法。

（2）绩效考核指标体系不科学，量化不足。除销售人员之外，其他人员的考核指标不够量化，容易产生首因效应、近因效应等，造成绩效考核结果不公正。

（3）缺乏有效的绩效管理过程跟踪与辅导，管理者未及时为员工提供有效的资源支持。

（4）绩效考核反馈不充分，被考核者并不十分清楚自己的不足和需要改善的地方。

（5）绩效考核结果应用不全面，仅与薪酬调整挂钩，没有发挥激励员工的作用。

2．改进绩效管理效果的思路

（1）重视并加强绩效管理培训，指导部门经理提升绩效管理的意识与方法。

（2）在公司总体发展战略目标的基础上，基于SMART原则进行绩效考核指标分解。

（3）加强员工的日常管理工作和绩效辅导，在员工碰到困难或需要帮助时及时提供必要的支持。

（4）加强绩效反馈面谈，使绩效考核发挥改善员工绩效的作用。

（5）做好绩效结果的运用，在结合薪酬调整的基础上，与人才培养、职位晋升、员工职业生涯发展等挂钩，充分发挥激励员工的作用。

第五单元

薪酬管理

一、学习要求

通过本单元的学习，学员应掌握薪酬体系设计的主要方法、流程和注意事项；掌握员工福利的概念，以及主要福利形式的内容和特点。

二、职业技能等级认定要点

【理论知识部分】

认定范围	认定点	知识点	重要性系数
薪酬体系设计	薪酬体系设计概述	薪酬的激励作用	9
		薪酬支付三要素	
		薪酬策略	
		薪酬管理制度	
		薪酬体系设计的基本原则	
		薪酬策略的种类	
		薪酬体系设计的要素	
		薪酬体系设计的模式	
		薪酬体系设计的组织机构	
	薪酬体系设计流程和环节	薪酬体系设计的基本流程	9
		薪酬体系设计的重要环节	
	基于不同职类的薪酬体系设计	专业技术人员的薪酬体系设计	9
		销售人员的薪酬体系设计	
		生产人员的薪酬体系设计	
	基于薪酬支付三要素的薪酬体系设计	基于岗位的薪酬体系设计	9
		基于胜任特征的薪酬体系设计	
		基于绩效的薪酬体系设计	
	薪酬预算、支付和调整	薪酬预算	9
		薪酬支付	
		薪酬调整	

续表

认定范围	认定点	知识点	重要性系数
员工福利管理	员工福利	员工福利的概念	9
		员工福利的理论基础	
		员工福利的意义	
		提供员工福利的原因	
		员工福利的种类	
	弹性福利方案设计	弹性福利的概念	9
		弹性福利计划的常见形式	
		弹性福利计划的设计原则	
		弹性福利计划的注意事项	
		弹性福利方案的实施步骤	
		国内企业常见福利"菜单"	
	企业年金方案设计	企业年金的概念	5
		企业年金的作用和特点	
		企业年金的类型	
		企业年金的实施	
	补充医疗保险方案设计	企业补充医疗保险的概念、特征和作用	5
		企业补充医疗保险模式	

【技能部分】

序号	认定内容	重要性系数
1	制定企业薪酬管理制度	9
2	设计企业薪酬体系	5
3	运用岗位评价方法设计薪酬等级	5
4	分析、处理薪酬调查数据并制定薪酬调整方案	9
5	制定、实施、调整企业员工福利制度	9

三、练习题

【理论知识部分】

● (一) 判断题（下列表述正确的请画"√"，错误的请画"×"）

1. 一个岗位的价值取决于谁在这个岗位上任职，岗位价值依此来判定。（　）
2. 岗位价值是相对的，同一岗位在不同行业和企业的价值是不同的。（　）
3. 即便岗位价值相同，两个员工由于自身素质不同，也会导致价值回报不同，薪酬体系设计时要考虑如何体现这种差异。（　）
4. 薪酬策略既要反映企业的战略需求，又要满足员工期望。（　）
5. 薪酬管理制度以规则和规章的形式表现企业的薪酬策略、薪酬分配标准和薪酬管理方式。（　）
6. 合理的薪酬制度要实现的目的包括确保企业内部的公平、吸引和保留人才、激励员工等。（　）
7. 效率原则和公平原则是薪酬体系设计的基本原则。（　）
8. 企业在进行奖惩决策时，要做到程序公平一致、标准明确、过程公开，这是薪酬体系设计公平原则中的机会公平要求。（　）
9. 薪酬体系设计的分配公平是指内部公平、外部公平和自我公平。（　）
10. 效率原则是薪酬体系设计的基本原则之一。（　）
11. 合法原则是薪酬体系设计的基本原则之一。（　）
12. 薪酬体系设计的基本原则包括公平原则、合理原则、竞争原则、合法原则等。（　）
13. 双因素理论又称操作条件反射理论或行为修正理论。（　）
14. 薪酬激励主要包括外在激励和内在激励两个方面。（　）
15. 领先、滞后和灵活策略是主要的薪酬水平策略。（　）
16. 薪酬的竞争性策略以稳定员工队伍为目标，企业薪酬水平与市场薪酬水平基本保持一致，在保持一定流动率的基础上实现员工队伍的相对稳定。（　）
17. 采用薪酬稳定性策略的企业采取低于市场平均水平的薪酬标准。（　）
18. 薪酬的外在激励是指薪酬的提升，加强外在激励能够帮助员工看到个人的价值，从而激发工作热情。（　）
19. 薪酬结构策略是指企业向员工支付的总薪酬有哪些薪酬形式，这些薪酬形式之间是如何组合的。（　）
20. 最常见的薪酬模式是基本工资加绩效，这样的薪酬模式能够将员工的收入等级和标准与个人工作价值及贡献要素相联系。（　）
21. 薪酬的激励作用不应该单纯体现在工资上，对于企业来说，单纯的工资激励永远不会为企业留住人才。（　）
22. 薪酬体系设计模式主要包括岗位工资制、技能工资制、绩效工资制和职务工资制等。（　）

23. 专家咨询模式依据理性原则确定员工薪酬，从而确定企业的薪酬体系设计，其适用于规模较大的企业。（ ）
24. 企业领导拍板模式和民主协商模式都是基于参与主体和决定机制的薪酬体系设计模式。（ ）
25. 个案谈判这种薪酬体系设计模式适用于所有岗位的薪酬设计。（ ）
26. 岗位工资制比较适用于职能管理类岗位。（ ）
27. 市场工资制不适用于企业的核心人员。（ ）
28. 能力或技能工资制比较适用于职能管理类岗位。（ ）
29. 年功序列工资制的理论基础是"人力资本理论"。（ ）
30. 薪酬决策的内容包括薪酬体系决策、薪酬水平决策、薪酬结构决策、薪酬管理过程决策等。（ ）
31. 薪酬沟通贯穿于企业薪酬管理的整个流程中，贯穿于薪酬方案由制定到实施、控制、调整的全过程。（ ）
32. 基于专业技术人员的特点，可开辟双重通道职业发展路径，实行专业技术职务薪资制，除了传统的管理职位晋升外，设立专门的专业技术职务晋升通道，并配套专业技术职务薪资，为专业技术人员提供双通道职业发展的路径。（ ）
33. 纯工资模式是典型的销售人员薪酬结构中的一种。（ ）
34. 参照劳动力市场价格，依照合理的工资指导价位确定岗位的工资标准是岗位技能工资制中常用的方法。（ ）
35. 岗位薪点工资制使工资分配直接与企业效益和员工个人的劳动成果挂钩，体现了效率优先的原则，符合市场取向。（ ）
36. 与岗位薪点工资制相比，岗位技能工资做到工资向一线关键岗位、科技管理岗位、技术岗位倾斜。（ ）
37. 结构工资制一般包括五部分，即岗位工资、基本工资、绩效工资、工龄工资和学历工资。（ ）
38. 结构工资制中的基本工资由现行国家工资制度中的工龄工资、标准津贴和全国统一规定的各种补贴组成。（ ）
39. 企业通常将结构工资简化为岗位工资、绩效工资和基本工资，其中岗位工资占比最大。（ ）
40. 结构工资制中的岗位工资一般不超过工资总额的60%。（ ）
41. 谈判工资制是一种灵活反映企业经营状况和劳动力市场供求状况的薪酬体系。（ ）
42. 胜任特征薪酬的工作分析是确定完成特定任务所需的能力，而不是确定岗位职责。（ ）
43. 绩效加薪的三大关键要素是加薪结构、加薪时间、加薪方式。（ ）
44. 企业的支付能力、市场薪酬水平是企业在决定绩效加薪幅度时的考虑因素。（ ）
45. 绩效薪酬根据激励对象维度可以分为个人绩效薪酬和团体绩效薪酬。（ ）
46. 福利是一种补充性的报酬，通常采用延期非货币形式支付，其内容包括法定福利

和非法定福利。 ( )

47. 提供员工福利虽然会增加企业的成本，但从长远来看对企业整体的经济效益却有很大的帮助。 ( )

48. 企业选择弹性福利的主要原因包括控制激增的成本、符合员工的需求、增进员工的士气和忠诚度等。 ( )

49. 年金有不同的定义，但是不论哪种定义，都具有定期支付性与保障性两个特性。 ( )

50. 采用确定收益型年金，员工需要承担企业倒闭失去企业年金或者通货膨胀降低退休津贴的风险。 ( )

● （二）单项选择题（下列每题的选项中，只有1个是正确的，请将其代号填在括号内）

1. 在确定企业薪酬策略的过程中需要逐一确定多项重要因素，（ ）不属于需要确定的重要因素。
    A. 薪酬设计要达到什么目的
    B. 当前薪酬体系存在哪些突出问题
    C. 需要重点激励的人员范围
    D. 员工期望的收入水平有多高

2. 薪酬管理的分配公平是指内部公平、自我公平和（ ）。
    A. 外部公平   B. 机会公平   C. 程序公平   D. 制度公平

3. 薪酬体系设计要遵循的原则包括效率原则、（ ）、合法原则、激励原则等。
    A. 公平原则   B. 合理原则   C. 竞争原则   D. 经济原则

4. （ ）即员工获得的薪酬应与其对企业做出的贡献成正比。
    A. 机会公平   B. 自我公平   C. 内部公平   D. 外部公平

5. （ ）即在同一企业中，不同职务的员工获得的薪酬应与其对企业做出的贡献成正比。
    A. 机会公平   B. 自我公平   C. 内部公平   D. 外部公平

6. （ ）是指进行人力资源管理决策时应符合公平的要求。
    A. 分配公平   B. 结果公平   C. 过程公平   D. 机会公平

7. 采用高于市场薪酬水平的薪酬标准，确保留住企业现有人才，并对外部人才具有较强的吸引力，这是薪酬水平策略中的（ ）。
    A. 竞争性策略   B. 稳定性策略   C. 激进性策略   D. 限制性策略

8. 基于参与主体和决定机制的薪酬体系设计模式包括（ ）。
    A. 市场跟随模式   B. 员工自主模式
    C. 专家咨询模式   D. 集体工资谈判模式

9. （ ）属于基于参与主体和决定机制的薪酬体系设计模式。
    A. 个案谈判模式   B. 市场调研模式
    C. 绩效工资模式   D. 行业标杆模式

10. （ ）不是岗位评价的要素。

A. 劳动责任　　B. 劳动技能　　C. 劳动条件　　D. 劳动级别

11. 薪酬决策的内容包括薪酬体系决策、薪酬水平决策、（　　）、薪酬管理过程决策等。

    A. 薪酬涨幅决策　　　　　　B. 薪酬结构决策
    C. 薪酬项目决策　　　　　　D. 薪酬目标决策

12. 薪酬沟通的基本特征包括激励性、互动性、（　　）、动态性和灵活性。

    A. 客观性　　B. 长期性　　C. 公开性　　D. 明确性

13. 一般而言，销售人员的底薪设计要综合考虑的因素包括岗位价值、当地生活水平和最低工资标准、产品销售周期、（　　）、产品销售难度等。

    A. 客户需求　　B. 公司要求　　C. 岗位要求　　D. 宏观经济

14. 岗位技能测评时，测评小组构成中（　　）的数量最多。

    A. 企业分管领导　　　　　　B. 中层管理人员
    C. 员工代表　　　　　　　　D. 外部专家

15. 岗位技能工资制的岗位测评以劳动技能、劳动责任、（　　）、劳动条件等基本劳动要素为基础。

    A. 劳动数量　　B. 劳动质量　　C. 劳动强度　　D. 劳动时间

16. 岗位技能工资制确定不同岗位工资标准的常用方法不包括（　　）。

    A. 参照劳动力市场价格
    B. 利润成本法
    C. 执行各地劳动保障部门提出的岗位工资参照标准
    D. 竞争对手比对法

17. （　　）不是结构工资的构成部分。

    A. 基本工资　　B. 绩效工资　　C. 工龄工资　　D. 技能工资

18. 结构工资构成中，（　　）所占比重最大。

    A. 基本工资　　B. 岗位工资　　C. 绩效工资　　D. 职务工资

19. 在基于胜任特征的薪酬体系下，企业考核的重点是员工的素质、知识和技能，以及特定知识和技能对于企业的价值，在员工掌握的知识和技能不变的情况下，岗位调动对其本人的实际薪酬水平（　　）。

    A. 没有影响　　　　　　　　B. 产生次要影响
    C. 影响很大　　　　　　　　D. 影响不确定

20. 在设计基于胜任特征的薪酬体系时，关于薪酬等级设计的描述不正确的是（　　）。

    A. 能力跨度越大薪酬区间越大
    B. 能力跨度越大薪酬区间越小
    C. 同一等级人数越多薪酬区间越大
    D. 企业文化决定各等级之间的浮动比例

21. 个人的行为是基于自我中心且利己的，付出行为的一方如果不能期望从付出报酬的一方获得满意的结果和利益，则不会付诸努力，这是（　　）的主要思想。

    A. 期望理论　　　　　　　　B. 交换理论

C. 激励理论　　　　　　　　D. 人力资源成本理论

22. 福利的理论基础包括需求层次理论、激励保健理论、（　　）等。
   A. 交换理论　　　　　　　　B. 社会比较理论
   C. 人力资本理论　　　　　　D. 公平理论

23. 研究表明，企业选择弹性福利的主要原因包括控制激增的成本、增进员工的士气和忠诚度、（　　）等。
   A. 提升员工的满意度　　　　B. 受竞争对手压力
   C. 合理避税　　　　　　　　D. 企业效益提升

24. 弹性福利计划应与员工的能力及员工对企业的贡献大小联系起来，让能力强、贡献大的员工享有更多的福利，这是弹性福利（　　）的体现。
   A. 灵活性原则　　　　　　　B. 激励性原则
   C. 恰当性原则　　　　　　　D. 普惠性原则

25. 我国企业年金是指企业及其员工在依法参加基本养老保险的基础上，自愿建立的补充养老保险制度，它是由企业自主设立，以员工薪酬为基础，费用由（　　）的补充养老保险制度。
   A. 企业缴纳　　　　　　　　B. 企业和员工共同缴纳
   C. 政府缴纳　　　　　　　　D. 员工缴纳

（三）多项选择题（下列每题的选项中，至少有2个是正确的，请将其代号填在括号内）

1. 薪酬的激励作用包括（　　）等。
   A. 维持和保障作用　　　　　B. 改善绩效作用
   C. 提高员工积极性作用　　　D. 提供灵活性作用
   E. 降低成本作用

2. 企业中薪酬的决定性因素主要包括（　　）。
   A. 支付能力　　　　　　　　B. 岗位价值
   C. 岗位胜任力　　　　　　　D. 员工意愿度
   E. 绩效表现

3. 薪酬体系设计的原则包括（　　）。
   A. 效率原则　　　　　　　　B. 公平原则
   C. 合法原则　　　　　　　　D. 及时原则
   E. 竞争原则

4. 薪酬管理的分配公平包括三方面内容，分别是（　　）。
   A. 外部公平　　　　　　　　B. 机会公平
   C. 自我公平　　　　　　　　D. 内部公平
   E. 管理公平

5. 薪酬体系设计要遵循的原则包括（　　）。
   A. 公平原则　　　　　　　　B. 合法原则
   C. 激励原则　　　　　　　　D. 效率原则

E. 奖惩性原则

6. 薪酬管理要满足公平原则,包括（   ）。
   A. 分配公平   B. 价值公平
   C. 过程公平   D. 结果公平
   E. 机会公平

7. 分配公平是指进行人力资源管理决策时应符合公平的要求,分配公平可分为（   ）方面。
   A. 配分公平   B. 自我公平
   C. 内部公平   D. 外部公平
   E. 机会公平

8. 薪酬水平策略包括（   ）等。
   A. 竞争性策略   B. 稳定性策略
   C. 限制性策略   D. 灵活性策略
   E. 差异性策略

9. 常见的薪酬模式主要有（   ）。
   A. 基于岗位的薪酬模式   B. 基于绩效的薪酬模式
   C. 基于技能的薪酬模式   D. 基于市场的薪酬模式
   E. 基于工龄的薪酬模式

10. 薪酬体系设计模式包括（   ）。
    A. 基于参与主体和决定机制的模式
    B. 基于不同关注点的模式
    C. 基于企业发展阶段的模式
    D. 基于竞争对手对标的模式
    E. 基于行业水平的模式

11. 基于参与主体和决定机制的薪酬体系设计模式包括（   ）。
    A. 企业领导拍板模式   B. 民主协商模式
    C. 专家咨询模式   D. 个案谈判模式
    E. 集体工资谈判模式

12. 技能工资制的缺点主要包括（   ）。
    A. 评估能力或技能比较困难
    B. 薪酬成本控制困难
    C. 高能力不一定给企业带来高价值
    D. 员工之间的竞争加剧
    E. 低技能工作没人愿意做

13. （   ）是岗位评价要素。
    A. 劳动责任   B. 劳动技能
    C. 劳动条件   D. 劳动强度
    E. 劳动级别

14. 薪酬沟通的基本特征包括（　　）。
    A. 激励性   B. 互动性
    C. 公开性   D. 动态性
    E. 灵活性

15. 岗位技能工资的构成包括（　　）。
    A. 技能工资   B. 特殊行业工资
    C. 辅助工资   D. 岗位工资
    E. 计时工资

16. （　　）是影响岗位薪点工资制中工资率的主要因素。
    A. 企业所在行业的特征   B. 企业所在地区的生活水平
    C. 企业自身的经营状况   D. 企业财务支付能力
    E. 企业发展阶段

17. 结构工资制的构成一般包括岗位工资和（　　）等。
    A. 基本工资   B. 绩效工资
    C. 工龄工资   D. 学历工资
    E. 计件工资

18. 结构工资制的设计需要确立各工资单元的内部结构框架，测算、检查及对结构工资方案做出调整和（　　）等步骤。
    A. 建立、健全人力资源基础工作   B. 开展内部调研
    C. 建立工作小组   D. 设计结构工资制基本模式
    E. 进行效果评估

19. 谈判工资制受国家法律的保护和约束，遵守"两个低于"的原则，即（　　）。
    A. 平均工资增长幅度低于劳动生产率增长幅度
    B. 工资总额增长幅度低于利润增长幅度
    C. 工资总额增长幅度低于劳动生产率增长幅度
    D. 平均工资增长幅度低于利润增长幅度
    E. 劳动生产率增长低于平均工资增长率

20. 谈判工资制的确定原则包括劳动力市场工资指导价位原则、劳动生产率标准原则、支付能力与比较标准原则、（　　）等。
    A. 理论标准原则   B. 竞争力原则
    C. 政府工资指导线原则   D. "两个低于"原则
    E. "两个高于"原则

21. 企业选择弹性福利的主要原因包括控制激增的成本、符合员工的需求、（　　）等。
    A. 增进员工的士气   B. 增强员工忠诚度
    C. 提升员工的满意度   D. 匹配竞争对手的福利水平
    E. 合理避税

22. 弹性福利计划的常见形式包括（　　）等。
    A. 弹性专用账户式福利   B. 自助式福利

C. 附加型弹性福利 D. 核心加选择型福利
E. 多选模式

23. 合理高效的弹性福利方案需要兼顾（　　）等。
    A. 战略导向性原则 B. 激励性原则
    C. 合法性原则 D. 灵活性原则
    E. 成本最低原则

24. 从筹资模式和收益分配方式来看，企业年金可以分为（　　）等。
    A. 自愿型 B. 强制型
    C. 收益确定型 D. 混合型
    E. 缴费确定型

25. 企业补充医疗保险的特征包括（　　）。
    A. 福利性 B. 自办性
    C. 非营利性 D. 一定的强制性和自愿性
    E. 统筹级次性

【技能部分】

案例1

案例背景

奇强公司是成立于2011年的机械设备制造企业，公司从10多年前50多人发展到目前已经拥有800多名员工，成为国内同行业具有竞争力的知名企业。

公司成立至今，薪酬制度经过了几轮变化。目前，为了留住核心人才和引进高技能人才，公司总经理要求人力资源部进行薪酬改革，在工资总额不变的情况下调整公司的薪酬体系。

人力资源部将公司原来根据员工的技能水平和公司目标完成情况确定的基本工资和奖金的薪酬结构，调整为由基本工资和浮动工资构成的薪酬结构，其中浮动工资占30%左右，且与员工的个人绩效紧密挂钩。每月，部门经理对员工进行考核，根据考核结果确定浮动工资的档次。各部门浮动工资额度由公司确定，绩效优秀的员工可以拿到超额的浮动工资，而绩效差的员工的浮动工资会被部分扣除。

浮动工资制促进了部门的管理工作，因此部门经理积极配合人力资源部，认真地对员工进行考核。但随着时间的推移，新的矛盾又产生了。被扣除浮动工资的员工认为公司的薪酬制度不合理，他们的浮动工资被其他员工拿走了。而拿到超额浮动工资的员工心里也不自在，因为他们浮动工资超额的部分是部门其他员工浮动工资被扣除的部分。部门经理也明显感受到了压力和无奈，总量不变，有人增加就有人被扣。如果严格考核，被扣除浮动工资的员工意见很大，没有工作积极性；如果放松考核，优秀员工得不到激励，也会心生不满。

迫于各种压力，部门经理开始放松考核，员工的绩效考核结果差距越来越小，浮动工资只是略有增减。时间一长，提意见的员工少了，但公司业绩出现了下滑，甚至出现了一些优秀员工的离职。在离职沟通中，这些员工明确指出，现有的薪酬体系对他们不尊重，他们在市场上的价值远超现在公司能够给予的薪酬水平。

案例思考

1. 奇强公司的薪酬管理体系存在哪些问题？
2. 如果你是人力资源部经理，你会如何改进该公司的薪酬管理体系？

案例 2

案例背景

凌云电子设备公司创业初期业务发展非常迅速，不但公司的业务量翻番，营业规模增长，员工的薪酬待遇也逐步提高。短短几年，公司的薪酬水平已经处于行业领先水平。

在今年年终奖发放后，却集中出现了一些核心部门主管和骨干员工辞职的现象。总经理非常困惑，公司的薪酬福利水平已经很高了，企业也正处于上升阶段，员工的离职率应该很低。

为此，总经理要求人力资源部进行深入了解。经过一段时间的调查发现，员工的工作积极性低，不但普通员工中出现这种现象，中层领导中也会相互推诿。

一些部门内时常出现两个员工相互争执，双方都认为某项工作是对方应该完成的。实际上，这项工作一直由其中一名员工来完成，但该员工认为这项工作不是自己工作职责范围内的事。该员工觉得自己为了工作，经常加班加点，但却没有得到应该得到的更好待遇。因此，该员工认为这项工作应该由工作量不饱和的另一位员工来完成。

同时，一些核心部门的领导认为自己工作强度大，工作时间长，承担的项目多，风险大，压力也大。然而他们的薪酬与一些工作量相对较小的部门领导薪酬待遇几乎没有差别。业务二线部门的员工也有同样的感受，他们虽然在公司内分工不同，但每日的工作量很大，经常加班，却没有在薪酬上得到体现。

目前，公司的工资水平虽然总体较高，但这只是平均水平。由于总经理希望拉开差距，体现对管理人员的重视，因此公司的各层管理者的工资远远高于基层员工。员工的工资基本上按照工作年限发放，有些工作能力强、承担工作多的员工与其他人的工资并无差别。

案例思考

1. 该公司在薪酬管理中存在哪些问题？
2. 该公司应如何解决薪酬管理中的问题？

案例 3

案例背景

蓝波公司是某集团公司下属的子公司，主要从事高科技电子产品的研发与生产。蓝波公司由集团原来的两个子公司合并而成，员工主要来自这两个子公司，同时为了发展的需要公司还从人力资源市场招聘了一部分员工。

由于蓝波公司产品研发人员能力较强，生产的产品处于国内领先水平，集团公司非常重视蓝波公司的发展。在蓝波公司成立之初，公司总经理向员工许诺，公司赢利后将逐步提高员工的薪酬待遇。蓝波公司员工的积极性因此高涨，在较短的时间内完成了多个新产品的研发，并顺利通过评审。产品投放市场后，蓝波公司逐渐开始赢利。

在薪酬管理方面，来自原子公司的员工工资依然按照各自原子公司的薪酬标准发放（两个原子公司的薪酬标准差别较大）。而从外部人力资源市场招聘来的员工则按市场薪酬标准发放，即所谓的"老人老办法，新人新办法"。新入职员工的薪酬标准与市场接轨，比原子公司员工薪酬要高出许多。蓝波公司的薪酬均以月固定工资的形式发放。为了避免员工内部的矛盾，公司实行薪酬保密制度。尽管公司赢利了，但薪酬管理体系仍然没有变动，公司人力资源部只是按照总经理安排在年末以非公开的形式发放年终奖。

最近，公司里关于薪酬收入的消息在员工中以非正式的方式传播，员工针对薪酬待遇的抱怨声四起，工作积极性开始下降，上班迟到、早退现象不断增加，生产效率随之大幅下跌。与此同时，竞争对手向市场推出了同类型的竞争性产品已极大地威胁到蓝波公司的市场地位。

案例思考

1. 请分析导致员工对薪酬抱怨的原因。
2. 如果你是人力资源部经理，你会如何进行该公司的薪酬调整？

案例 4

案例背景

林顿公司是一家国内大型的制造企业，有 4 000 多名员工，其中技术人员 1 000 多人。公司主营光纤、光缆，主要用于基础设施建设，产品的市场占有率非常高。

近几年来，随着公司在市场上的竞争力不断增强，公司出现了效益提高但人才流失增加的现象。竞争对手经常高薪挖人，青年人才跳槽率明显上升。

公司核心技术中心工程师刘智是公司的骨干员工，已经在公司工作了 10 年，去年被公司授予"年度杰出工程师"的奖项，却在日前提出了离职申请。总经理担心刘智的离开不仅会给公司新产品的研发带来困难，而且会影响一批公司青年技术人员的稳定性，对公司发展产生不利的影响。于是，总经理要求人力资源部经理陈蒙尽可能进行挽留。

陈蒙找刘智单独面谈。刘智表示："我对于公司一直以来的培养和认可还是非常感激的。我尽心尽力在公司工作多年，但是我的工资和奖金涨幅却很小。公司目前的奖金制度规定，90% 的奖金跟所在业务部门的业绩挂钩，只有 10% 跟个人业绩挂钩，我觉得很不合理。另外，公司在市场上的竞争优势也随着一些骨干员工的离开渐渐减小，我对未来感到有些迷茫。"

刘智还提到："之前离开的员工大多去了竞争对手公司，薪酬增长幅度都很大，而且奖金的分配基于个人业绩，这也是吸引我的地方。"

案例思考

1. 该公司薪酬管理存在哪些不足？
2. 该公司应如何改进薪酬管理方案以保留核心员工？

四、参考答案

【理论知识部分】

（一）判断题

1. ×　2. √　3. √　4. √　5. √　6. √　7. √　8. ×　9. √　10. √
11. √　12. ×　13. ×　14. √　15. ×　16. √　17. ×　18. √　19. ×　20. √
21. √　22. ×　23. √　24. √　25. ×　26. √　27. √　28. √　29. √　30. √
31. √　32. √　33. √　34. √　35. √　36. ×　37. √　38. ×　39. √　40. ×
41. √　42. √　43. ×　44. √　45. √　46. √　47. √　48. √　49. √　50. √

（二）单项选择题

1. D　2. A　3. A　4. B　5. C　6. A　7. A　8. C　9. A　10. D　11. B　12. C
13. C　14. C　15. C　16. D　17. D　18. B　19. A　20. B　21. B　22. A　23. A
24. B　25. B

（三）多项选择题

1. ABC　2. BCE　3. ABCE　4. ACD　5. ABCD　6. ACE　7. BCD　8. ABC
9. ABCDE　10. AB　11. ABCD　12. ABC　13. ABCD　14. ABCDE　15. ABCD
16. ABC　17. ABCD　18. AD　19. AB　20. ACD　21. ABC　22. ABCD
23. ABCD　24. CDE　25. ABCDE

【技能部分】

案例1

答题思路

1. 薪酬管理体系存在的问题

（1）公司没有把员工的绩效与企业的发展相结合，工资总额不变，优秀员工的超额浮动工资只能来源于绩效差的员工的浮动工资被扣除部分，造成员工之间的矛盾、员工和部门经理之间的矛盾。

（2）缺乏对市场薪酬水平的调研，薪酬管理体系设计不合理，缺乏市场竞争力。

（3）部门经理通过平衡绩效评估结果的方式息事宁人，导致优秀员工对公司的贡献无法通过薪酬客观体现，造成了内部的不公平。

2. 薪酬管理体系改进对策

（1）加强内外部的薪酬调研，了解行业和地区的薪酬结构、薪酬水平。

（2）与总经理充分沟通，结合薪酬调研结果，从公司发展战略的角度分析，促使公司把员工薪酬与公司效益相结合，确定具有竞争力的薪酬策略。

（3）加强与员工的沟通和交流，促进员工对薪酬改革和薪酬方案的理解与认同。

（4）设置明确的绩效考核目标，加强与部门管理者的交流，促进公平公正的绩效考核，体现高绩效员工的贡献。

案例2

答题思路

1. 薪酬管理存在的问题

（1）薪酬策略不合理。薪酬过度向管理层倾斜，导致内部不同层级员工工资水平缺乏公平性。

（2）员工薪酬采用平均主义，未体现员工对组织贡献的差异性，薪酬没有与绩效挂钩，干多干少一个样，缺乏激励性，不利于高绩效文化的打造。

（3）市场薪酬调研缺失，只看到整体，没有细化分析具体岗位的市场薪酬水平，导致核心岗位薪酬对外缺乏竞争性。

2. 薪酬管理对策分析

（1）基于公司发展战略与企业文化，进行薪酬策略的调整和优化。

（2）进行市场薪酬调研，充分了解同行业相关岗位的市场薪酬水平，以此作为薪酬设计的依据。

（3）进行工作分析和岗位评估，完善岗位说明书，客观进行各岗位的相对价值评估，体现不同价值的部门和岗位的薪酬水平。

（4）调整薪酬结构，体现与绩效的关系。薪酬结构设计过程中要区分基本工资和绩效工资，以工作绩效为依据，有效体现薪酬对高绩效人员的激励作用，打造高绩效文化。

案例3

答题思路

1. 导致员工对薪酬抱怨的原因

（1）公司采用"老人老办法，新人新办法"的方式，没有统一的薪酬标准，缺乏内部公平性。

（2）薪酬均以月固定工资的形式发放，未与工作绩效挂钩，未体现员工对公司的贡献，造成不公平。

（3）在公司赢利的情况下，采用非公开的形式发放年终奖，没有体现薪酬与绩效的关系。

（4）采用薪酬保密的方式规避问题，治标不治本。

2. 薪酬调整建议

（1）与公司高层进行深入沟通，根据公司发展战略，基于效率、公平和合法的原则确定薪酬策略，明确公司与员工共享利益的导向。

（2）进行内外部薪酬调研，了解市场薪酬情况，结合实际情况确定薪酬总额控制方案。

（3）开展工作分析，评估岗位相对价值，进行薪酬结构设计，确定薪酬等级、幅度等。

（4）根据新薪酬体系，将老体系的岗位和等级套入，实现人、岗、档、级归位。

（5）建立薪酬管理与绩效管理相结合的体系，在公司内部公示沟通，最终通过规范程序确认。

案例4

答题思路

1. 薪酬管理存在的不足

（1）缺少科学的薪酬体系，没有明确的薪酬策略，部门骨干人员的高绩效未能在薪酬中体现。

（2）现有的薪酬水平明显低于外部竞争企业，缺乏竞争性的薪酬无法有效保留真正有能力的员工。

（3）奖金分配未能体现绩效的差异，个人绩效对奖金的影响权重偏少，无法激励员工。

2. 改进薪酬管理方案的思路

（1）结合公司发展战略确定公司的薪酬策略，建立以能力与绩效为导向的薪酬体系。

（2）进行内外部的薪酬调研，分析核心员工的市场薪酬水平，作为后续薪酬体系构建的基础。

（3）进行工作分析和岗位评估，确定每个岗位的相对价值，有效体现核心岗位的价值。

（4）完善绩效管理机制，合理平衡个人绩效和团队绩效比例，打破"大锅饭"，拉开管理骨干、技术骨干和一般员工的薪酬差距。

（5）进一步健全核心员工的薪酬体系，公司在有条件的情况下可以对一些技术和管理骨干实行分红、期权、股权等激励措施。

第六单元

劳动关系管理

一、学习要求

通过本单元的学习，学员应掌握劳动争议处理的几种方式和各自的特点，掌握员工沟通与工作满意度调查的方法，掌握职工民主管理的概念和主要形式。

二、职业技能等级认定要点

【理论知识部分】

认定范围	认定点	知识点	重要性系数
劳动争议处理概述	劳动争议与调解	劳动争议概述	5
		劳动争议处理体系	
		劳动争议基层调解	
	劳动争议仲裁	劳动争议仲裁概述	5
		劳动争议仲裁的时效与管辖权	
		劳动争议仲裁的程序	
	劳动争议诉讼	劳动争议诉讼概述	5
		劳动争议诉讼的主体与时效	
		劳动争议诉讼的受案范围及诉讼管辖	
		劳动争议诉讼的审理程序和举证责任	
员工沟通与工作满意度调查	员工沟通	员工沟通概述	9
		沟通的方法和渠道	
		沟通的注意事项	
	工作满意度调查	工作满意度的影响	9
		工作满意度调查的作用	
		工作满意度的测量技术	
		工作满意度调查问卷的结构	
		工作满意度的调查途径	
		工作满意度调查的常见错误与解决方法	
职工民主管理	职工民主管理概述	职工民主管理的概念	1
		职工民主管理的立法	
		职工民主管理的形式	

续表

认定范围	认定点	知识点	重要性系数
职工民主管理	职工代表大会	职工代表大会的特点	5
		职工代表大会的职权	
		职工代表的选举及其权利与义务	
		职工代表大会的主要程序	
	工会	工会的性质与职能	5
		工会组织	
		工会的权利与义务	

【技能部分】

序号	认定内容	重要性系数
1	提出预防企业并购和改制中产生劳动争议的对策	5
2	代表企业法人参与劳动争议的调解和仲裁	1
3	代表企业法人参与集体合同的协商与订立	1
4	基于劳动合同法提出人力资源管理制度的修改方案	9
5	分析企业员工沟通的现状，提出改善员工沟通渠道、制度和方法的方案，开展员工满意度调查	9
6	代表企业法人参与工伤认定	5

三、练习题

【理论知识部分】

◉（一）**判断题**（下列表述正确的请画"√"，错误的请画"×"）

1. 劳动争议又称劳动纠纷，是指劳动者与用人单位在执行劳动保障相关法律法规或签订、履行劳动合同时，因双方对劳动权利与义务有分歧而产生纠纷的行为。　　（　　）

2. 个体工匠与帮工、学徒之间的纠纷，以及农村承包经营户与受雇人之间的纠纷不属于劳动争议。　　（　　）

3. 争议双方不存在劳动关系，但纠纷涉及劳动报酬给付问题，属于劳动争议。（　　）

4. 凡劳动者和用人单位（或其管理者）之间发生的争议，均属于劳动争议。（　　）

5. 因订立、履行、变更、解除和终止劳动合同发生的争议属于劳动争议。（　　）

6. 劳动者法治意识增强，维权意识觉醒，勇于对企业违法损害自己利益的行为做抗争，是劳动争议产生原因中劳动者因素的主要原因之一。　　（　　）

7. 用人单位与劳动者之间的争议一般是非对抗性的，用人单位与劳动者通常具有共同的利益和合作基础。（   ）
8. 劳动争议双方当事人可以在调解和仲裁中任选一种方式解决劳动争议。（   ）
9. 在调解劳动争议过程中，要注意原则性和灵活性相结合，只要不违反法律法规和规章制度，双方当事人又能接受，即可达成协议。（   ）
10. 如果用人单位内部劳动规则的内容不违反国家法律法规和规章制度的规定，而且是经过职工代表大会或职工大会讨论通过且正式公布的，就可作为劳动争议处理机构处理劳动争议的参考依据。（   ）
11. 降低劳动标准、随意拖欠或扣发工资、不为员工缴纳社会保险等属于企业滥用管理权。（   ）
12. 企业管理者作风粗暴、处置问题武断、不听取员工意见等属于企业直接违法。（   ）
13. 企业加重劳动者责任、扩大自己权力属于企业管理方式独断。（   ）
14. 依据法律规定，我国的劳动争议处理机制是"一调一裁两审"与"一调一裁"两种机制。（   ）
15. 仲裁裁决具有终局效力，劳动者不可再向法院提起诉讼。（   ）
16. "自行协商—企业内调解—仲裁—诉讼"是我国的劳动争议处理机制。（   ）
17. 当事人申请劳动争议仲裁后，只能以仲裁决定的形式结束仲裁。（   ）
18. 劳动争议仲裁委员会属于半官方的准司法机构。（   ）
19. 劳动争议调解的原则包括自愿原则和民主说服原则。（   ）
20. 调解过程中应始终贯彻自愿协商的原则，但如果达不成一致，调解委员会有决定权。（   ）
21. 如果一方当事人向劳动争议调解委员会申请调解，另一方当事人向劳动争议仲裁委员会申请仲裁，则应由后者受理。（   ）
22. 根据规定，企业劳动争议调解委员会的办事机构设在用人单位工会，没有设立工会组织的用人单位，由劳动者代表与用人单位代表协商决定。（   ）
23. 劳动争议仲裁是对当事人有约束和强制执行效力的劳动争议处理方式。（   ）
24. 仲裁委员会具有特殊的法律地位，它不是民间组织，也不是司法机构，更不是行政机构。（   ）
25. 劳动争议仲裁具有强制性，是具有法律效力的行政措施，兼有行政与司法的双重特征。（   ）
26. 仲裁员是由仲裁委员会聘任，依法调解和仲裁争议案件的专业工作人员，因此只有专职仲裁员。（   ）
27. 劳动争议仲裁的先行调解原则规定，当事人必须接受调解并达成协议。（   ）
28. 人民政府是设立仲裁委员会的主体，人力资源社会保障行政部门在仲裁委员会中占主导地位，仲裁委员会的经费由财政予以支持。（   ）
29. 劳动关系存续期间因拖欠劳动报酬发生争议的，劳动者申请仲裁不受1年的时效限制。（   ）

30. 在劳动关系存续期间产生的支付工资争议，用人单位能够证明已经书面通知劳动者拒付工资的，书面通知送达之日为劳动争议发生之日。（　　）

31. 因解除或者终止劳动关系产生的争议，用人单位不能证明劳动者收到解除或者终止劳动关系书面通知时间的，劳动者主张权利之日为劳动争议发生之日。（　　）

32. 现有仲裁时效规定为1年，逾期不提出则丧失仲裁的胜诉权。（　　）

33. 根据"谁主张，谁举证"原则，当事人申请劳动仲裁时对自己提出的主张有责任提供证据。（　　）

34. 仲裁裁决是仲裁委员会依据法定程序做出的具体法律效力的决定。（　　）

35. 如果与争议事项有关的证据属于用人单位掌握管理的，用人单位应当提供，用人单位不提供的，应当承担不利后果。（　　）

36. 劳动争议诉讼中当事人对一审法院判决不服的，可以提起上诉，二审法院做出的判决为最终判决，当事人必须执行。（　　）

37. 民事诉讼时效期间从知道或者应当知道权利被侵害时起计算。（　　）

38. 劳动诉讼中，满足某些条件可以不执行"原告就被告"的原则。（　　）

39. 与一般民事诉讼不同，所有劳动争议案件一审都由基层人民法院管辖。（　　）

40. 明确告诉员工应该做什么、如何来做、如何改进工作绩效，是沟通的控制功能。（　　）

41. 通过对话与交流表达满足感与失败感，是沟通的信息传递功能。（　　）

42. 非正式沟通对企业而言一般具有反面的作用。（　　）

43. 链式沟通是指依照组织结构划分，在同一部门的员工之间、同级别员工之间、同级别部门之间进行的沟通。（　　）

44. 单一的纵向沟通或横向沟通都可能因为缺少反馈而导致沟通无效。（　　）

45. 企业环境是影响沟通有效性的最基础因素。（　　）

46. 员工对其工作满意或不满意的程度，主要取决于客观上企业做得如何，而不是员工对企业的期望。（　　）

47. 员工的工作满意度会影响工作绩效、离职率、流动率等。（　　）

48. 高的工作满意度与低的员工离职率通常是联系在一起的。（　　）

49. 工作满意度调查是一种科学的管理工具，它通常以调查问卷等形式收集员工对企业各个方面的满意程度。（　　）

50. 企事业单位的职工可以当选为职工代表，职工代表的构成应当以中高层管理者为主体。（　　）

（二）单项选择题（下列每题的选项中，只有1个是正确的，请将其代号填在括号内）

1. （　　）不属于劳动争议。
   A. 因劳动报酬、工伤医疗费、经济补偿或赔偿金等发生的争议
   B. 因除名、辞退和辞职、离职发生的争议
   C. 农村承包经营户与受雇人之间的纠纷
   D. 因工作时间、休息休假、社会保险、福利、培训及劳动保护发生的争议

2. (　　)属于劳动争议。
   A. 劳动者对职业病诊断鉴定结论的异议纠纷
   B. 因除名、辞退和辞职、离职发生的争议
   C. 个体工匠与帮工、学徒之间的纠纷
   D. 家庭或者个人与家政服务人员之间的纠纷
3. (　　)不属于劳动争议产生的原因。
   A. 劳动者家庭背景因素　　　　B. 企业因素
   C. 劳动者因素　　　　　　　　D. 外部环境因素
4. (　　)不属于劳动争议的解决途径。
   A. 和解　　　B. 仲裁　　　C. 诉讼　　　D. 调和
5. (　　)不属于劳动争议的处理原则。
   A. 合法原则　　B. 合理原则　　C. 公正原则　　D. 及时处理原则
6. 劳动争议处理机制包括①自行协商、②企业内调解、③仲裁、④诉讼，其先后次序是(　　)。
   A. ①②③④　　B. ②③①④　　C. ②①③④　　D. ④③②①
7. 劳动争议处理机构不包括(　　)。
   A. 劳动争议调解委员会　　　　B. 劳动争议仲裁委员会
   C. 工会　　　　　　　　　　　D. 法院
8. 劳动争议仲裁委员会是依法设立的(　　)。
   A. 非民间组织　　　　　　　　B. 半官方机构
   C. 官方机构　　　　　　　　　D. 官方组织
9. "一调一裁两审"机制即"自行协商—企业内调解—仲裁—诉讼"的劳动争议处理机制，这个机制中的协商和调解属于(　　)。
   A. 裁审前程序　　B. 裁审程序　　C. 裁审后程序　　D. 非裁审程序
10. 在发生劳动争议时，只有经过仲裁机构审理且双方当事人对裁决不服的，才可以在(　　)天内向人民法院提起诉讼。
    A. 10　　　　B. 15　　　　C. 20　　　　D. 30
11. 依据现行劳动争议处理制度，(　　)是劳动争议案件的最后审理者，其劳动司法职能由民事审判庭承担。
    A. 劳动争议调解委员会　　　　B. 劳动争议仲裁委员会
    C. 法院　　　　　　　　　　　D. 工会
12. 如果一方当事人向调解委员会申请调解，另一方当事人向仲裁委员会申请仲裁，则应由(　　)受理。
    A. 仲裁委员会　　B. 调解委员会　　C. 法院　　　　D. 工会
13. 劳动争议仲裁原则不包括(　　)。
    A. 先行调解原则　　　　　　　B. 少数服从多数原则
    C. 及时原则　　　　　　　　　D. 保密原则
14. 仲裁委员会具有(　　)的特征。

A. 准司法　　　B. 民间组织　　　C. 司法机构　　　D. 行政机构

15. （　　）是宪法民主集中制原则在劳动争议仲裁中的具体表现，仲裁庭和仲裁委员会成员来自各方，在对案件意见不一致时，为保证最终能公平合理地做出决定，每个成员应该有平等的表决权。

A. 先行调解原则　　　　　　　　B. 少数服从多数原则
C. 回避原则　　　　　　　　　　D. 及时原则

16. 仲裁委员会应当每年至少召开（　　）次全体会议，研究本委员会职责履行情况和重要工作事项。

A. 一　　　　B. 二　　　　C. 三　　　　D. 五

17. 仲裁委员会主任或者（　　）以上的仲裁委员会成员提议召开仲裁委员会会议的，应当召开。

A. 五分之一　　B. 四分之一　　C. 三分之一　　D. 二分之一

18. 处理（　　）人以上集体劳动人事争议或有重大影响的争议案件等应由3名仲裁员组成仲裁庭，设首席仲裁员。

A. 3　　　　B. 5　　　　C. 10　　　　D. 20

19. 现有仲裁时效规定，仲裁时效为期（　　）个月。

A. 6　　　　B. 12　　　　C. 18　　　　D. 24

20. 劳动关系存续期间因拖欠劳动报酬发生争议的，劳动者申请仲裁不受1年时效限制，但是劳动关系终止的，应当自劳动关系终止之日起（　　）个月内提出。

A. 6　　　　B. 12　　　　C. 18　　　　D. 24

21. 我国民事诉讼的一般诉讼时效为（　　）年。

A. 半　　　　B. 1　　　　C. 2　　　　D. 3

22. 劳动争议诉讼当事人不服一审判决的，可依法提起二审程序，但必须在一审判决书送达之日起（　　）日内向上一级人民法院提起上诉。

A. 5　　　　B. 10　　　　C. 15　　　　D. 20

23. 由信息发布者一级一级逐一向下传播，属于沟通方法中的（　　）。

A. 轮式沟通　　B. 纵向沟通　　C. 链式沟通　　D. 全通道式沟通

24. （　　）一般不受企业传播体系的约束，具有自发性，不受管理层控制，大多数员工认为它比正式渠道发布的信息更加可信，其传播速度较快。

A. 正式沟通　　B. 非正式沟通　　C. 纵向行沟通　　D. 横向沟通

25. 企事业单位的职工可以当选为职工代表，职工代表的构成应当以一线职工为主体，中层管理者、高层管理者不超过（　　）。

A. 10%　　　B. 15%　　　C. 20%　　　D. 25%

（三）多项选择题（下列每题的选项中，至少有2个是正确的，请将其代号填在括号内）

1. 劳动者和用人单位（或其管理者）之间发生的涉及（　　）等的争议，属于劳动争议。

A. 劳动关系　　　　　　　　　　B. 劳动权利

C. 劳动义务　　　　　　　　　D. 奖金分配
E. 考核标准

2. 导致劳动争议的企业因素主要包括（　　　）。
   A. 直接违法　　　　　　　　　B. 滥用管理权
   C. 管理方式独断　　　　　　　D. 程序违规
   E. 变更考核方法

3. 劳动争议包括（　　　）。
   A. 劳动报酬、经济补偿等经济问题纠纷
   B. 企业不当解雇
   C. 单位侵害隐私权
   D. 劳动者请求社会保险经办机构发放社会保险金的纠纷
   E. 个体工匠与帮工、学徒之间的纠纷

4. 劳动争议产生的三大原因包括（　　　）。
   A. 企业因素　　　　　　　　　B. 劳动者因素
   C. 外部环境因素　　　　　　　D. 经济发展因素
   E. 法律因素

5. 解决劳动争议的途径主要包括（　　　）等。
   A. 和解　　　　　　　　　　　B. 调解
   C. 仲裁　　　　　　　　　　　D. 诉讼
   E. 行政复议

6. 劳动争议处理的原则主要包括（　　　）等。
   A. 合法原则　　　　　　　　　B. 公正原则
   C. 及时处理原则　　　　　　　D. 着重调解原则
   E. 灵活处理原则

7. 依据《工会参与劳动争议处理试行办法》，在（　　　）时工会应依法参与处理劳动争议。
   A. 签订或履行集体合同发生争议
   B. 执行国家有关工作时间和休息休假、工资、劳动安全卫生、女员工和未成年人特殊保护、职业培训、社会保险和福利的规定而发生争议
   C. 用人单位开除、除名、辞退员工和员工辞职、自动离职发生争议
   D. 履行、变更、解除劳动合同发生争议
   E. 根据绩效考核评定员工等级

8. 工会参与处理劳动争议应遵循的原则包括（　　　）等。
   A. 依据事实和法律及时公正处理原则
   B. 当事人在适用法律上一律平等原则
   C. 预防为主、基层为主、调解为主原则
   D. 尊重当事人申请仲裁和诉讼的权利原则
   E. 着重调节原则

9. 我国处理劳动争议的机构包括（　　）等。
   A. 劳动争议调解委员会　　　　B. 劳动争议仲裁委员会
   C. 法院　　　　　　　　　　　D. 劳动争议和解庭
   E. 行业协会

10. 劳动争议基层调解除了应当遵循解决劳动争议的普通原则之外，就调解的特殊性，还应遵循（　　）。
    A. 申请调解原则　　　　　　　B. 受理劳动争议原则
    C. 自愿原则　　　　　　　　　D. 实施调解原则
    E. 民主说服原则

11. 劳动争议仲裁应遵循的原则包括（　　）。
    A. 先行调解原则　　　　　　　B. 少数服从多数原则
    C. 回避原则　　　　　　　　　D. 及时原则
    E. 工会参与原则

12. 仲裁委员会具有特殊的法律地位，它不是（　　）。
    A. 具有准司法特征的机构　　　B. 民间组织
    C. 司法机构　　　　　　　　　D. 行政机构
    E. 财政机构

13. 劳动争议仲裁的性质包括（　　）。
    A. 具备司法性质　　　　　　　B. 强制性
    C. 具有法律效力的行政措施　　D. 不具备强制性
    E. 不具备法律效力

14. 仲裁管辖权是指各类仲裁委员会之间、同级仲裁委员会之间受理劳动争议案件的分工和权限，包括（　　）等。
    A. 地域管辖　　　　　　　　　B. 级别管辖
    C. 时间管辖　　　　　　　　　D. 类别管辖
    E. 管辖权转移

15. 仲裁员应该回避，或者当事人有权以口头或书面的方式提出回避的情形包括（　　）。
    A. 仲裁员是案件当事人或者当事人、代理人的近亲属
    B. 仲裁员与案件有利害关系
    C. 仲裁员与当事人、代理人有其他关系，可能影响公正裁定
    D. 仲裁员私下会见当事人、代理人，或者接受当事人、代理人的请客送礼
    E. 案件当事人与法官有宿怨

16. 劳动诉讼的原告与被告包括（　　）。
    A. 劳动者　　　　　　　　　　B. 用人单位
    C. 仲裁员　　　　　　　　　　D. 工会
    E. 行业协会

17. 劳动争议案件的管辖分为（　　）。

A. 级别管辖 B. 地域管辖
C. 指定管辖 D. 移送管辖
E. 管辖权转移

18. 我国劳动争议诉讼程序主要包括（　　）程序。
A. 一审 B. 二审
C. 审判监督 D. 执行
E. 行政复议

19. 我国现行劳动争议诉讼中大致采用一般举证原则，即"谁主张，谁举证"，但在特殊情况下适用用人单位举证责任倒置，包括（　　）。
A. 员工的开除 B. 减少劳动报酬
C. 解除劳动合同 D. 工伤认定
E. 绩效评估结果不当

20. 员工沟通有（　　）等功能。
A. 控制 B. 激励
C. 管理 D. 情绪表达
E. 信息传递

21. 沟通的过程包括（　　）。
A. 发送信息 B. 编码
C. 渠道传播 D. 接收信息
E. 解码和反馈

22. 员工沟通方法与渠道包括（　　）。
A. 纵向沟通与横向沟通
B. 链式沟通、轮式沟通与全通道式沟通
C. 正式沟通与非正式沟通
D. 入职沟通、工作中沟通、绩效沟通和离职沟通
E. 网络沟通

23. 提高沟通效率需要明确沟通的四个要件，即（　　）。
A. 明确沟通目的 B. 掌握沟通时间
C. 明确沟通对象 D. 掌握沟通方法
E. 选择沟通的地点

24. 职工民主管理的形式主要包括（　　）。
A. 组织参与 B. 代表参与
C. 岗位参与 D. 个人参与
E. 政府参与

25. 职工代表大会依法行使（　　）等职权。
A. 审议建议 B. 审议通过
C. 审查监督 D. 民主选举
E. 民主评议

【技能部分】

案例1

案例背景

天地公司是一家知名的餐饮服务连锁企业,由于经营得法、定位合理,近几年公司进入高速发展阶段。公司从1家门店迅速拓展到15家门店,员工从200人增加到2 000人。

但是这两年来,随着公司高速发展,员工的流失率也在不断增长,先是劳务派遣工大量流失,近一年来正式员工也开始流失,技术人员、销售人员的流失率高达25%。

人力资源部在员工离职面谈中了解到,员工感到工作压力太大,基层领导只强调完成任务,但对员工极不关心,与员工的付出相比,薪酬也低于市场平均水平。

但是高层领导认为,工作压力大是不可避免的,在激烈的竞争中如果工作压力不大,就有可能被市场淘汰,员工应该有危机意识,为公司分担责任,现在的员工缺少吃苦耐劳的精神。他希望人力资源部做好员工的思想工作,降低员工的流失率。

人力资源部计划做一项员工满意度调查,了解员工对企业的真正感受,为公司高层提出解决方案,以扭转员工流失率高的局面。

案例思考

1. 公司在员工沟通管理中存在什么问题?
2. 如果你是人力资源部经理,你会如何设计员工满意度调查方案?

案例2

案例背景

李闯是金盛物流(集团)有限公司的人力资源部经理,公司是中外合资企业,李闯已经在公司工作了8年,劳动合同有效期到2022年9月30日止。2017年1月,公司出资让李闯参加了为期两年半的MBA(工商管理硕士)学习,学费8万元全部由公司承担,并与李闯签订了5年服务期协议,即服务期自2017年1月至2022年1月。协议中约定,如果李闯在服务期内提出辞职或者因个人原因无法履行服务期约定,将按照规定支付违约金。

2021年9月,公司发现李闯利用工作时间在外以某培训公司培训师的身份授课,影响了他在公司的正常工作。公司规章制度中明确规定员工不得在外兼职,否则公司将立即解除其劳动合同。

但是,总经理觉得李闯以前工作还是很出色的,因此想给他一个机会,于是总经理找李闯沟通了几次,并且发出了书面警告信,希望他不要在外再兼职了。李闯口头上虽然答应了总经理的劝说,承认兼职行为违反公司规章制度,也在警告信上签了字,但却继续在外授课。2021年10月,公司书面通知李闯,由于他在外兼职影响正常工作,且经公司多次劝说仍无悔改,公司与其解除劳动合同,并要求李闯支付剩余的培训违约金。

对此,李闯与总经理发生了激烈争吵,坚决不同意支付违约金,认为双方在服务期协议中约定,如果在服务期内李闯提出辞职,则需要支付违约金。但是现在不是他提出辞职,而是公司提出与他解除劳动合同。李闯认为,在公司外授课不足以被解聘,更无须支付违约金。

案例思考

1. 请分析李闯该不该支付服务期内培训违约金。
2. 请结合案例，阐述在服务期内与劳动者解除劳动关系的免责条件有哪些。

案例 3

案例背景

海城公司是一家传统的家居用品制造公司。由于市场竞争日益激烈，员工人数不断增加，公司需要进行一系列管理制度的调整。其中，公司高层决定对销售人员薪酬制度进行改革，将原有的4个岗位级别简化为2个岗位级别，分别为销售代表和高级销售代表，中间级别的全部采取降薪处理，以薪酬改革前销售代表的底薪为标准发放，业务提成的比例也有所降低，且显著提高了绩效考核的标准，提高了提成发放的门槛。

为了快速解决问题，公司紧急召开了职工代表大会。目前公司的职工代表大会代表中中高层管理人员占30%，其他70%为普通员工，有相当一部分是销售部人员。但由于召开职工代表大会前通知得比较匆忙，也正赶上销售的旺季，销售部人员中很多职工代表都不在本地，无法及时参会，其他部分职工代表因各种原因请假，因此出席会议的职工代表人数是代表总数的60%。在讨论有关薪酬改革的议题时，由于大家事前没有了解方案的详情，来不及细细分析，虽然有部分代表提出了不同意见，但现场也没有条件提出更具体的依据和建议，最终大会用举手表决的方式通过了薪酬改革方案。

在薪酬制度执行过程中，销售部人员的反应强烈，认为公司完全不顾员工利益，职工代表大会的程序不合法，薪酬改革方案不合理，但却没有其他正式途径有效反馈。

案例思考

1. 该公司在召开职工代表大会过程中存在哪些问题？
2. 该公司应如何改进民主管理形式？

案例 4

案例背景

蓝科公司是一家在科技领域享有良好声誉的公司，其以卓越的软件开发、云计算和人工智能等技术而闻名。公司在业界技术地位领先，不仅体现在其强大的技术实力上，也体现在其稳健的业务发展和优秀的员工队伍上。然而，随着公司规模的逐渐扩大及员工数量的增加，一些管理上的挑战也逐渐显现出来。

在过去几年里，蓝科公司经历了一些业务发展困难，员工满意度逐渐下降及员工流失率不断攀升成为公司面临的主要问题。这些问题的复杂性体现在多个层面，具体表现如下：

首先，员工对管理层的不满情绪日益明显。随着公司的扩张，一些管理层的决策可能没有充分考虑员工的利益和需求，导致员工不满情绪不断增加。

其次，公司内部缺乏有效的沟通和协作机制。随着员工数量的增加，管理条线的增多，有效的沟通和协作变得越来越重要。然而，公司内部的沟通机制并不完善，导致员工之间的信息交流变得困难。

最后，随着公司业务的发展，员工的工作压力也在不断增加。长期处于大压力状态下的员工感到疲惫不堪，甚至出现心理问题，严重影响工作积极性和工作效率。同时，过大的工作压力也导致员工的健康状况出现问题，进而影响公司的整体生产力。

面对这些问题，公司人力资源部决定采取行动。他们策划了一次全面的员工工作满意度调查，希望借此机会深入了解员工的需求和不满，以便针对性地制定改进措施。这次调查的目标是提高员工的工作效率和满意度，从而推动公司业务的持续发展，实现公司长期发展的目标。

案例思考

1. 员工的工作满意度会影响员工的哪些方面？
2. 在设计工作满意度调查问卷时应该遵循哪些原则？

四、参考答案

【理论知识部分】

（一）判断题

1. √ 2. √ 3. × 4. × 5. √ 6. √ 7. √ 8. √ 9. √ 10. √
11. × 12. × 13. × 14. √ 15. √ 16. √ 17. × 18. × 19. √ 20. ×
21. √ 22. √ 23. √ 24. √ 25. √ 26. × 27. × 28. √ 29. √ 30. √
31. √ 32. √ 33. √ 34. √ 35. √ 36. √ 37. √ 38. √ 39. √ 40. ×
41. × 42. × 43. × 44. √ 45. √ 46. × 47. √ 48. √ 49. √ 50. ×

（二）单项选择题

1. C 2. B 3. A 4. D 5. B 6. A 7. C 8. B 9. A 10. B 11. C 12. A
13. D 14. A 15. B 16. B 17. C 18. C 19. B 20. B 21. C 22. C 23. C
24. B 25. C

（三）多项选择题

1. ABC 2. ABC 3. AB 4. ABC 5. ABCD 6. ABCD 7. ABCD
8. ABCD 9. ABC 10. CE 11. ABCD 12. BCDE 13. BC 14. AB 15. ABCD
16. AB 17. ABCDE 18. ABCD 19. ABC 20. ABDE 21. ABCDE 22. ABCD
23. ABCD 24. ABCD 25. ABCDE

【技能部分】

案例1

答题思路

1. 员工沟通管理中存在的问题

（1）高层领导对员工缺乏了解，和员工的沟通意愿不足。

（2）公司未形成有效的沟通机制，员工沟通方式和渠道缺失，出现问题后信息反馈不充分、不及时。

（3）未能建立有效的沟通文化，导致员工满意度低。

2. 员工满意度调查方案的设计

（1）确定员工满意度调查途径。根据企业实际情况，决定员工满意度调查是企业自行操作，还是请专业机构进行。就天地公司的情况而言，建议请专业机构进行。因为企业自行开展员工满意度调查时，员工常常抱着观望的态度而不是积极配合的态度。另外，员工满意度调查是一项复杂的、专业化的工作，企业在技术和人员上的差距，也会影响后期解决方案的质量，导致无法取得预期的激励员工的效果。

（2）编制员工满意度调查问卷

1）标题。标题是对调查内容的高度概括。

2）卷首语。卷首语也称封面信或前言，一般包含情况介绍、调查目的与回收事宜。

3）指导语。指导语旨在告诉被调查者如何填写问卷，包括对某种定义、标题的限定或示范举例等内容。另外，指导语要简明易懂，让人一看就明白如何填写。

4）主体。主体是指问卷的问题部分，可根据答案标准化程度分为开放题、封闭题、半开放题三种。

（3）选择合适的时机开展问卷调查。先进行低调的访谈来判断员工的想法，帮助管理者决定何时或者是否需要开展一次全面的调查。

（4）确定参加问卷调查的人员范围，并要与管理层达成一致意见，明确满意度调查会与公司的薪酬、激励等制度的变化联系起来，否则一次没有可预见用途的调查，反而会让员工失望。

案例2

答题思路

1. 李闯应该支付违约金

（1）《中华人民共和国劳动合同法》（以下简称《劳动合同法》）规定，用人单位为劳动者提供专项培训费用，对其进行专业技术培训的，可以与该劳动者订立协议，约定服务期。劳动者违反服务期约定的，应当按照约定向用人单位支付违约金。

（2）《劳动合同法》规定，劳动者有下列情形之一的，用人单位可以解除劳动合同，包括：严重违反用人单位的规章制度的；严重失职，营私舞弊，给用人单位造成重大损害的；劳动者同时与其他用人单位建立劳动关系，对完成本单位的工作任务造成严重影响，或者经用人单位提出，拒不改正的。

（3）本案例中，李闯违反了公司"不得在外兼职"的规章制度，而且在总经理多次劝说后仍然拒不改正，影响了其在公司的正常工作，因此是李闯的行为导致服务期无法履行，属于劳动者违反服务期约定，李闯需要支付违约金。

2. 服务期内与劳动者解除劳动关系的免责条件

服务期制度是对用人单位利益的保护，目的主要在于对劳动者自由解除或终止劳动合同的权利做一定限制。劳动者违反合法的服务期约定，将要赔偿一定的培训费用。但这并不意味着用人单位可以利用服务期随意解除劳动合同。服务期和劳动合同的解除是《劳动合同法》中两个不同的制度。

用人单位可以放弃服务期，但不能在放弃服务期的同时解除劳动合同。用人单位要单方面解除劳动合同，还是要遵循《劳动合同法》中关于劳动合同解除的规定，即《劳动合同法》第三十九条的规定。劳动者有下列情形之一的，用人单位可以解除劳动合同：在试用期间被证明不符合录用条件的；严重违反用人单位的规章制度的；严重失职，营私舞弊，给用人单位造成重大损害的；劳动者同时与其他用人单位建立劳动关系，对完成本单位的工作任务造成严重影响，或者经用人单位提出，拒不改正的；因本法第二十六条第一款第一项规定的情形致使劳动合同无效的；被依法追究刑事责任的。

案例3

答题思路

1. 该公司在召开职工代表大会过程中存在的问题

（1）该公司的职工代表构成不合法。职工代表应以一线职工为主体，中高层管理人员不超过20%，而该公司的中高层管理人员的人数达到了30%。

（2）该公司参加职工代表大会的职工代表人数未达到法定人数。参会职工代表应超过2/3，但实际参会人数只有60%。

（3）对于要讨论的议案没有事前沟通，沟通不够充分，决策形式不够合理。

2. 改进民主管理形式的方法

案例中该公司的民主管理机制不完善，虽然有职工代表大会的形式，但不够完善，缺乏其他途径，需要加强多种形式的职工民主管理。

（1）组织参与。进一步完善职工代表大会的管理机制和规范实施流程，完善代表的比例和开会的规则。

（2）代表参与。通过合法的代表结构促进职工代表参与公司管理。

（3）岗位参与。通过职工在劳动岗位上实行自治的形式使之参与公司管理。

（4）个人参与。通过建立各种个人参与的渠道，提供员工个人参与管理的机会，使员工能够对公司管理提出合理化建议。

案例4

答题思路

1. 工作满意度会影响员工的方面

（1）绩效。更高的绩效会促成更高的工作满意度，而较高的工作满意度又会增加员工的忠诚度，促使员工对工作更加投入，最终又促使绩效提高。

（2）缺勤和迟到。一般而言，工作满意度低的员工往往会经常缺勤、迟到。工作满意度与缺勤率之间存在稳定的消极关系，呈负相关关系。工作满意度与缺勤率之间的负相关关系还受到其他因素的影响，如公休日加班无加班费则无人愿意加班，导致缺勤率升高。

（3）离职率或流动率。高的工作满意度与低的员工离职率通常是联系在一起的。工作满意度与流动率之间的关系还受员工绩效水平、任职时间、工作机会、劳动力市场状况等因素的影响。

（4）偷窃与暴力行为。员工出现偷窃行为有多种原因。例如，员工在企业中受到没有人情味的待遇而采取报复行为，并将偷窃行为作为重建公平的一种手段等。工作压力能引发暴力行为。反之，暴力行为也会加大工作压力。

（5）组织公民行为。组织公民行为是指员工做出对组织生存和高效运作起积极作用的行为，但这些行为又不是员工职责范围之内的，因而通常不能得到组织在薪酬上的回报。工作满意度高的员工更可能表现出组织公民行为。

2. 设计工作满意度调查问卷应该遵循的原则

（1）主题明确原则。所提问题避免使用模糊性词语，尽可能使用中性词语，且应有确切答案（能被回答）。

（2）表达通俗易懂原则。问卷内容不能超出调查对象的知识与能力范围，避免使用专业性很强的术语（行话）。

（3）注意逻辑顺序原则。问题难易程度的顺序为：先易后难，先简后繁，先具体后抽象。问题敏感程度的顺序为：先熟悉与感兴趣的问题，后敏感与威胁性的问题。问题内容的顺序为：相同主题的问题放在一起，相同形式的问题放在一起。

（4）格式美观清晰原则。题目格式不应引起误解，题目应易于编码、录入、汇总和数据处理。问卷设计要美观，避免杂乱。

企业人力资源管理师（二级）认定方案

一、认定方式

企业人力资源管理师（二级）的考核模块为专业知识、专业操作与综合评审三个模块。专业知识、专业操作采用机考的方式进行，综合评审采用口试的方式进行。考核成绩计算均实行百分制，成绩皆达60分及以上为合格。

模块考核不合格者，可按规定分模块补考。

二、考核方案

职业（工种）名称		企业人力资源管理师		等级		二级	
职业代码							
序号	模块名称	单元编号	单元名称	考核方式	抽选方式	考核时间/min	配分
1	专业知识	1	理论知识	机考	必考	90	100
2	专业操作	1	项目策划	机考	必考	90	60
		2	案例分析	机考	必考		40
3	综合评审	1	工作技术小结交流	口试	必考	20	100
		2	案例分析	答辩	必考		
合计						200	300
备注	1. 机考均为闭卷 2. 综合评审除工作技术小结交流和案例分析答辩外，还包括本职业范畴的拓展性提问，测评职业资历、实践经验、专业素养、分析判断能力、应变能力、语言表达能力等						

专业知识模拟试卷（一）

一、判断题（下列表述正确的请画"√"，错误的请画"×"。每题0.5分，共45分）

1. 人力资源战略和人力资源规划既相互适应又相互融合，共同形成对企业整体战略的适应与支撑。（　）
2. 企业的经营计划对人力资源行动方案产生制约作用。（　）
3. 人力资源规划的原则之一是使企业和员工都得到长期的利益。（　）
4. 人力资源规划中的人员配置计划阐述企业每个职务的人员数量、人员的职务变动、职位设置、任职条件等内容。（　）
5. 成长型企业的人力资源战略一般注重员工队伍规模扩大。（　）
6. 随着企业管理的集约化发展，越来越多的企业结合定性和定量工具及方法来对人力资源规划的效益状况进行客观评价。（　）
7. 根据钱德勒的企业战略发展阶段理论，处于产品多样化阶段的企业，组织设计的目标是利用现有资源实现组织转型。（　）
8. 在组织设计的实施阶段，需要寻求企业内部的资源支持，并建立协调机制。（　）
9. 运动是物质的根本属性，因此组织诊断也必须是动态的。（　）
10. 工作再设计强调以任务为导向和以价值为导向的工作设计思想。（　）
11. 工作丰富化又称交叉培训法。（　）
12. 缓解员工工作压力是工作再设计的主要原因。（　）
13. 人工成本中的其他费用主要包括其他社会费用、非奖励基金的奖金、其他退休费用等发生之后才产生的费用项目。（　）
14. 提供基于信息的决策支持是电子化人力资源管理的作用之一。（　）
15. 人力资源管理信息化和数字化是电子化人力资源管理的不同说法。（　）
16. 胜任素质是个体所具备的、能够以之达成或预测优秀工作绩效的内在基本特征和特点。（　）
17. 胜任素质中的差异素质主要指一个人在工作上所需要的最低限度的素质。（　）
18. 胜任素质模型就是为了完成某项工作或达成某一绩效目标，要求任职者具备的一系列不同胜任素质的组合。（　）
19. 在人员选聘时，要重视人与企业的匹配度，主要指企业的规模、所在行业、发展阶段等对人才的要求。（　）
20. 人力资源派遣涉及的用工主体包括用工单位、用人单位和派遣员工。（　）
21. 选择甄选方法组合要根据岗位、预算和实施条件等因素综合考虑。（　）
22. 测评指标包括测评要素和要素权重。（　）
23. 行为描述性面试与传统的心理测验相比，经济实用，但效度略低。（　）
24. 评价中心是在行为描述性面试基础上逐步发展起来的以测量应聘者管理素质为核

心的一组标准化、程序化的评价活动。（　　）

25. 评价中心的考官团队一般来源于企业高层领导、直线经理、人力资源部人员、外部测评专家和人力资源专家等。（　　）

26. 角色扮演是一种主要用于测评人际关系处理能力的情景模拟测评方法，考官对应聘者在不同角色情境中表现出来的行为进行观察和记录。（　　）

27. 评价中心技术的角色扮演法强调在测评中既要了解应聘者的心理素质，又要评价其处理问题和矛盾的合理性。（　　）

28. 当最终人选多于要录用人员的数量时，应扩大参加决策的人数，全面听取意见才能录用到最合适的人选。（　　）

29. 人力资源配置需要建立在人力资源规划的基础上，然后进行深入的分析和预测，这体现了人力资源配置的科学原则。（　　）

30. 人力资源柔性管理是以团队为导向的价值观在人力资源管理与开发领域的运用。（　　）

31. 培训制度体系是指能够直接影响和作用于培训系统及其活动的各种法律、规章、制度及政策的总和。（　　）

32. 不同的培训项目都有自己的特殊情况，为了使培训制度适用任何的培训项目和培训对象，培训制度的规定不能太具体，只要提供基本的原则就行了，这是培训制度的稳定与灵活相结合的原则。（　　）

33. 培训目标是文字、符号、图画或图表的组合，它指出了受训者应该从培训中取得的成果。（　　）

34. 技术人员培训需求分析主要包括组织要求分析、技术岗位分析和个人分析三个方面。（　　）

35. 受训者虽然有各自的经验和经历，但不同的经历不会导致对培训不同的态度和行为。（　　）

36. 职业生涯管理从组织角度出发，将组织成员视为可开发增值而非固定不变的资本，通过激发组织成员对职业目标的努力，谋取组织的持续发展。（　　）

37. 培训开发的组织结构模式中，客户模式的优点是针对性强，能较好地把握客户的培训需求。（　　）

38. 培训项目总结的内容主要是对培训项目目标、培训项目实施过程、培训项目评估方法及结果等方面的说明。（　　）

39. 认知转化理论的认知结构三要素包括可利用性、可拓展性和稳定性。（　　）

40. 在巩固培训效果时，营造支持性工作环境的有效途径之一是高层在企业内长期倡导学习，将培训的责任归部门管理者，而不仅是人力资源部门。（　　）

41. 全面完整、公正客观属于绩效管理制度设计的基本要求。（　　）

42. 及时有效原则是绩效管理制度的解释原则之一。（　　）

43. 为了统一各个评估者对评估指标、评估标准的理解，需要对绩效管理人员进行培训。（　　）

44. 在进行绩效评估时，过多地从被评估者近期表现出发，而忽视长期一贯表现的现

象属于绩效评估主观错误中的晕轮效应。( )

45. 评估者对评估工作本身缺乏信心是导致绩效评估严格或宽松错误的原因之一。( )

46. 员工需要咨询一件事时是进行有效绩效辅导的好时机。( )

47. 在路径-目标理论中,支持型领导是指由领导者发布指示,下属不参与决策的领导风格。( )

48. 企业只有在面临突发事件或者业务流程发生变化时才可以进行绩效目标修正。( )

49. 绩效评估结果应用范围主要包括制订绩效改进计划、薪酬奖金分配、正确处理内部员工关系等。( )

50. 意愿和能力是导致绩效问题的主要原因之一,改变意愿和提升能力是绩效管理者开展绩效改进工作的重要内容。( )

51. 员工是绩效管理中的被管理者,需要做好辅助工作。( )

52. 在绩效培训需求分析中,人员层面的绩效培训需求分析包括一般员工的分析、管理者的分析和特殊员工的分析三个部分。( )

53. 领导情境理论比较重视下属的成熟度,下属既有能力又愿意完成某项任务适合采用参与型的领导风格。( )

54. 绩效目标制定时所依据的外部竞争对手或者外部市场环境发生了变化则需要进行绩效目标修正。( )

55. 根据绩效评估结果,直线经理与员工一起制订绩效改进计划,并跟踪绩效改进计划的执行效果。( )

56. 岗位价值是相对的,同一岗位在不同行业和企业的价值是不同的。( )

57. 薪酬管理制度以规则和规章的形式表现企业的薪酬策略、薪酬分配标准和薪酬管理方式。( )

58. 企业在进行奖惩决策时,要做到程序公平一致、标准明确、过程公开,这是薪酬体系设计公平原则中的机会公平要求。( )

59. 双因素理论又称操作条件反射理论或行为修正理论。( )

60. 薪酬的限制性策略以稳定员工队伍为目标。( )

61. 薪酬的外在激励是指薪酬的提升,加强外在激励能够帮助员工看到个人的价值,从而激发工作热情。( )

62. 薪酬结构策略是指薪酬分为多少层级,层级之间的关系如何,一般层级差距较大的重点激励高层人员。( )

63. 企业领导拍板模式和民主协商模式都是基于参与主体和决定机制的薪酬体系设计模式。( )

64. 年功序列工资制的理论基础是人力资本理论。( )

65. 薪酬决策的内容包括薪酬体系决策、薪酬水平决策、薪酬结构决策、薪酬管理过程决策等。( )

66. 岗位薪点工资制使工资分配直接与企业效益和员工个人的劳动成果挂钩,体现了

效率优先的原则，符合市场取向。（   ）
67. 结构工资制中的岗位工资一般不超过工资总额的60%。（   ）
68. 胜任特征薪酬的工作分析是确定完成特定任务所需的能力，而不是确定岗位职责。（   ）
69. 绩效调薪有奖有罚，绩效奖金只奖不罚，这是不正确的。（   ）
70. 企业选择弹性福利的主要原因包括控制激增的成本、符合员工的需求、增进员工的士气和忠诚度等。（   ）
71. 劳动争议又称劳动纠纷，是指劳动者与用人单位在执行劳动保障相关法律法规或签订、履行劳动合同时，因双方对劳动权利与义务有分歧而产生纠纷的行为。（   ）
72. 劳动争议双方当事人可以在调解和仲裁中任选一种方式解决劳动争议。（   ）
73. 即使争议双方不存在劳动关系，只要纠纷涉及劳动报酬给付问题，就属于劳动争议。（   ）
74. 仲裁裁决具有终局效力，劳动者不可再向法院提起诉讼。（   ）
75. 如果一方当事人向劳动争议调解委员会申请调解，另一方当事人向劳动争议仲裁委员会申请仲裁，则应由后者受理。（   ）
76. 人民政府是设立仲裁委员会的主体，人力资源社会保障行政部门在仲裁委员会中占主导地位，仲裁委员会的经费由财政予以支持。（   ）
77. 根据"谁主张，谁举证"原则，当事人申请劳动仲裁时对自己提出的主张有责任提供证据。（   ）
78. 劳动争议诉讼与劳动争议仲裁都是解决劳动纠纷的方式，但是劳动争议诉讼比劳动争议仲裁更具有强制力。（   ）
79. 通过对话与交流表达满足感与失败感，这是沟通的信息传递功能。（   ）
80. 工作满意度调查是一种科学的管理工具，它通常以调查问卷等形式收集员工对企业各个方面的满意程度。（   ）
81. 人力资源战略是企业根据经营状况和法律环境制定的企业人力资源管理目标，进而通过各种人力资源管理职能活动实现企业目标和人力资源管理目标。（   ）
82. 企业一般的战略过程包括战略计划、经营计划和执行计划等。（   ）
83. 企业的预算方案制约人力资源的行动方案。（   ）
84. 人力资源规划不仅是面向企业的规划，而且也是面向员工的规划。（   ）
85. 权变思想要求把组织看成一个与外部环境有着普遍直接联系的开放式系统。（   ）
86. 利益相关者评价法是一种综合考虑企业的各种不同活动的评价方法，它把利益相关者的满意程度作为评价组织绩效的尺度。（   ）
87. 人力资源流程再造包括组织结构优化和人力资源管理业务模块流程优化。（   ）
88. 人力资源费用审核是指在一个生产周期内对人力资源费用的预算进行审核，以保证符合政府有关法规的要求及企业自身发展的需要，并为本期人力资源费用规划提供依据。（   ）
89. 电子化人力资源管理的最终目的是降低管理成本。（   ）

90. 胜任素质模型分类中,通用素质模型是指在同一组织中所有员工和岗位所共用的一套胜任素质。（　　）

二、单项选择题（下列每题的选项中,只有1个是正确的,请将其代号填在括号内。每题0.5分,共35分）

1. 有人根据波特对人力资源战略分类的思路,将人力资源战略划分为成本领先、质量领先和（　　）三种战略。
   A. 技术领先　　B. 战略领先　　C. 聚焦化　　D. 差异化

2. 人力资源规划不仅是面向企业的规划,而且也是面向员工的规划,是人力资源规划编制的（　　）原则。
   A. 适应变化　　B. 确保供给　　C. 共同发展　　D. 成本控制

3. （　　）是人力资源规划中最困难和最重要的部分。
   A. 编制人员配置计划　　　　B. 编制职位计划
   C. 预测各部门人员需求　　　D. 确定部门员工编制数量

4. 根据迈尔斯和斯诺的企业战略类型划分,柔性分权化组织结构一般出现在（　　）战略类型的企业中。
   A. 防御者型　　B. 探险者型　　C. 分析者型　　D. 反映者型

5. 在实施组织设计时,创造企业愿景应该在（　　）完成。
   A. 准备阶段　　B. 动员阶段　　C. 实施阶段　　D. 评估阶段

6. 组织分析中的（　　）是指对管理层次间、各部门职能间相互关系的分析。
   A. 职能分析　　B. 决策分析　　C. 关系分析　　D. 运行分析

7. （　　）不属于工作再设计的方法。
   A. 工作轮换　　B. 工作扩大化　　C. 工作丰富化　　D. 工作精细化

8. 企业流程再造本质上是局部变革,属于（　　）的工作再设计。
   A. 组织层次　　B. 经营层次　　C. 实施层次　　D. 控制层次

9. （　　）不属于人力资源费用预算的原则。
   A. 合法合理原则　　　　B. 客观准确原则
   C. 整体兼顾原则　　　　D. 系统统筹原则

10. 某些传统企业,如机械制造、食品加工等企业,比较倾向使用（　　）类型的人力资源管理信息系统。
    A. 资料库　　B. 独立功能　　C. 功能整合　　D. 系统整合

11. （　　）不是常见的胜任素质。
    A. 门槛素质　　B. 差异素质　　C. 转化素质　　D. 普遍素质

12. 胜任素质模型中,根据企业内具体岗位所开发的胜任素质模型称为（　　）模型。
    A. 职级素质　　B. 统一素质　　C. 岗位素质　　D. 通用素质

13. 甄选指标体系要把最具岗位代表性、最能反映人才素质特征的指标提取出来,这是人员甄选指标设计的（　　）原则的要求。
    A. 针对性　　B. 明确性　　C. 合理性　　D. 精炼性

14. 一个指标必须有明确的定义,只能有一个甄选内容,这是人员甄选指标设计的（　　）

原则的要求。

  A. 针对性   B. 明确性   C. 合理性   D. 精炼性

15. 一般不太适合在招聘普通员工中全面运用的是（　　）。

  A. 简历   B. 心理测验   C. 面试   D. 评价中心技术

16. 行为描述性面试通过应聘者过去的行为来预测应聘者的（　　）。

  A. 职业发展动机   B. 性格特征
  C. 未来行为   D. 工作经历

17. 行为描述性面试中，对行为样本进行描述要把握 STAR 原则，其中 T 表示（　　）。

  A. 结果   B. 可靠   C. 目标   D. 合理

18. 主要用于测评应聘者人际关系处理能力的评价中心技术是（　　）。

  A. 文件筐测验   B. 角色扮演   C. 结构化面试   D. 半结构化面试

19. 向应聘者提供一些管理中遇到的问题，要求提出各种建议并形成书面报告，这是评价中心技术中的（　　）。

  A. 案例分析   B. 管理游戏   C. 角色扮演   D. 无领导小组讨论

20. 在人力资源配置过程中，通过一些科学的操作程序、评价标准和测评方法，保证招聘与人员配置有效性的实现，这是人力资源配置的（　　）原则。

  A. 公平择优   B. 动态   C. 计划   D. 科学

21. 了解行业知识，具有计算机应用能力、数据分析能力、研究问题能力等是人力资源培训与开发专业人员五角色理论中（　　）需要具备的能力。

  A. 分析／评估角色   B. 开发角色
  C. 行政管理者角色   D. 被培训者角色

22. 在培训开发部下面设立诸如财务、生产等培训开发部的培训开发组织结构模式属于（　　）。

  A. 虚拟模式   B. 专业模式   C. 客户模式   D. 矩阵模式

23. 培训成果转化理论是以（　　）理论为基础的。

  A. 学习迁移   B. 成人认知   C. 胜任素质   D. 自我管理

24. 部门经理公开反对受训员工在实际工作中应用所学，这属于培训转化氛围结果因素中的（　　）反馈。

  A. 积极   B. 消极   C. 惩罚   D. 零

25. 职业目标设定时要注意两个方面，一个是目标的长短，另一个是目标的（　　）。

  A. 深浅   B. 高低   C. 远近   D. 内外

26. 员工培训制度中会把培训及其结果与使用、晋升、工资挂钩，避免人员流失的风险，这种培训制度属于培训（　　）。

  A. 风险管理制度   B. 激励制度
  C. 考核评估制度   D. 服务制度

27. 培训项目费用预算中受训者的交通费、住宿费属于（　　）费用预算。

  A. 培训前期工作   B. 培训准备
  C. 培训实施   D. 培训后期工作

28. 关于认知转化理论描述错误的是（   ）。

    A. 强调要注意培训开发知识与受训者原有知识和经验的衔接

    B. 新知识与同化它的原有观念系统的可分辨程度越高则越有利于新知识的学习

    C. 受训者自行控制新技能在工作中的运用越多，越有利于培训成果转化

    D. 认知结构中可利用固定作用的适当观念越多，越有利于培训成果转化

29. 在培训成果转化的转化氛围因素中，企业设置受训者应用培训所学的目标属于情境线索中的（   ）。

    A. 目标线索   B. 社会线索   C. 任务线索   D. 自我控制线索

30. 美国组织行为学家道格拉斯·霍尔认为，职业生涯是指一个人一生工作经历所包括的一系列活动和行为，它包含外职业生涯和内职业生涯两个方面，（   ）属于外职业生涯。

    A. 从事职业的知识   B. 从事职业的心理素质

    C. 从事职业的工作单位   D. 从事职业的能力

31. （   ）不是绩效管理制度告知的内容。

    A. 告知绩效管理制度的监督机制、考核机制及追责机制

    B. 告知受约人享有对制度内容提出建议和意见的权利

    C. 告知绩效管理制度的实施和生效时间

    D. 告知考评小组成员名单

32. 绩效管理制度设计前的调查内容包括了解相关法律法规、企业内部制度实施情况和（   ）等。

    A. 企业的核心制度   B. 社会平均工资水平

    C. 同行业相关制度   D. 绩效评估的方法

33. 强制分布法在绩效评估过程中避免的错误是（   ）。

    A. 近因效应   B. 趋中效应   C. 个人偏见   D. 马太效应

34. 绩效管理人员培训需求分析涉及组织、（   ）和人员三个层面。

    A. 流程   B. 工作   C. 直线经理   D. 制度

35. （   ）属于绩效评估结果的横向比较法的内容。

    A. 单项评估指标的平均水平与任一年度比较

    B. 分析各项评估指标平均水平的历年变化趋势

    C. 分析单项评估指标平均值的历年变化趋势

    D. 对于同一员工的各个指标进行比较

36. 邀请外部管理公司建立绩效管理制度的方法属于（   ）。

    A. 小范围试点法   B. 管理人员动员法

    C. 行为访谈法   D. 引入第三方法

37. 绩效管理团队各角色中，绩效管理跟踪员的角色是由（   ）承担。

    A. 总经理   B. 人力资源经理

    C. 直线经理   D. 员工

38. 在绩效评估中产生的"爱屋及乌"现象体现了评估者主观错误中的（   ）。

A. 近因效应　　B. 暗示效应　　C. 马太效应　　D. 晕轮效应

39. （　　）的流失是绩效目标实现过程中的变更原因之一。
A. 生产工人　　B. 新员工　　C. 销售总监　　D. 行政助理

40. （　　）和提升能力是绩效管理者开展绩效改进工作的重要内容。
A. 加强培训　　B. 改变意愿　　C. 文化传导　　D. 精神激励

41. 在确定企业薪酬策略的过程中，需要逐一确定多项重要因素，（　　）不属于需要确定的重要因素。
A. 薪酬设计要达到什么目的　　B. 当前薪酬体系存在哪些突出问题
C. 需要重点激励的人员范围　　D. 员工期望的收入水平有多高

42. （　　）即在同一企业中，不同职务的员工获得的薪酬应与其对企业做出的贡献成正比。
A. 机会公平　　B. 自我公平　　C. 内部公平　　D. 外部公平

43. 绩效工资属于（　　）。
A. 固定薪酬　　B. 变动薪酬　　C. 长期薪酬　　D. 内在薪酬

44. 薪酬激励的（　　）是指薪酬的提升，能够帮助员工看到个人的价值，从而激发工作热情。
A. 内在激励　　B. 外在激励　　C. 长期激励　　D. 短期激励

45. 技能工资制的缺点主要包括（　　）。
A. 绩效考核难度大　　B. 高能力的员工未必有高产出
C. 员工之间的竞争加剧　　D. 低技能工作没人愿意做

46. 典型的销售人员薪酬结构包括纯工资模式、底薪＋提成模式、底薪＋奖金模式、底薪＋提成＋奖金模式、（　　）。
A. 纯业绩提成模式　　B. 纯奖金模式
C. 纯福利模式　　D. 奖金＋提成模式

47. （　　）不是结构工资制的构成部分。
A. 基本工资　　B. 绩效工资　　C. 工龄工资　　D. 技能工资

48. 谈判工资制是一种灵活反映企业经营状况和劳务市场供求状况，通过企业与（　　）之间的谈判决定员工工资的一种工资决定方式。
A. 员工　　B. 职工代表　　C. 工会主席　　D. 部门经理

49. 绩效加薪的三大关键要素是加薪幅度、加薪的实施方式和（　　）。
A. 加薪时间　　B. 加薪种类　　C. 加薪评估　　D. 加薪结构

50. 福利的理论基础包括需求层次理论、激励保健理论、（　　）等。
A. 交换理论　　B. 社会比较理论
C. 人力资本理论　　D. 公平理论

51. （　　）不属于劳动争议的解决途径。
A. 和解　　B. 仲裁　　C. 诉讼　　D. 调和

52. 劳动者与用人单位发生争议之后，（　　）可以向劳动争议调解委员会提请调解。
A. 主管部门　　B. 用人单位　　C. 工会　　D. 职代会

53. 发生劳动争议时,只有经过仲裁机构审理,双方当事人对裁决不服的,才可以在(　　)日内向人民法院提起诉讼。
    A. 10   B. 15   C. 20   D. 30

54. 工会负责劳动争议调解,自争议发生之日起(　　)日内结束调解,到期未结束的视为调解不成,告知当事人可以申请仲裁。
    A. 10   B. 15   C. 20   D. 30

55. 仲裁委员会主任或者(　　)以上的仲裁委员会成员提议召开仲裁委员会会议的,应当召开。
    A. 1/5   B. 1/4   C. 1/3   D. 1/2

56. 仲裁委员会收到仲裁申请之日起(　　)日内,认为符合受理条件的,应当受理,并通知申请人。
    A. 5   B. 7   C. 10   D. 14

57. 劳动者对终局仲裁裁决不服的,可以自收到仲裁裁决书之日起(　　)日内向人民法院提起诉讼。
    A. 10   B. 15   C. 20   D. 30

58. 由一个核心人物为信息发布中心,辐射状地向周围发布,这是(　　)。
    A. 纵向沟通   B. 链式沟通   C. 轮式沟通   D. 全通道式沟通

59. 根据员工满意度调查数据可以将员工分为敏感状态群体、危险状态群体、过渡状态群体、(　　)等。
    A. 稳定状态群体   B. 得过且过状态群体
    C. 鲇鱼状态群体   D. 正能量状态群体

60. 企事业单位、机关建立基层工会委员会的条件是工会会员(　　)人(含)以上。
    A. 20   B. 25   C. 30   D. 35

61. (　　)不是人力资源规划的主要功能。
    A. 企业管理的重要依据   B. 帮助企业降低人工成本
    C. 充分调动员工积极性   D. 体现企业核心竞争力

62. 编制人力资源规划的先决条件是(　　)。
    A. 合理预测各部门人员需求   B. 编制人力资源费用预算
    C. 编制人员培训计划   D. 制订人力资源管理政策调整计划

63. 对人力资源规划编制影响较大的因素主要是企业发展战略、企业经营状况和(　　)。
    A. 人力资源战略环境   B. 人力资源预算
    C. 人力资源成本   D. 竞争对手的人力资源规划

64. 对各管理层次间、各部门职能间的相互关系进行分析,比如某部门应该具备哪些职能,哪些部门间的职能出现重复等,是组织分析中的(　　)分析。
    A. 职能   B. 决策   C. 关系   D. 运行

65. 电子化人力资源管理出现的根本原因是(　　)。
    A. 网络技术的成熟   B. 企业资源计划等概念的出现和具体实践

  C. 人力资本开发和增值的迫切性　　D. 员工日益高涨的需求

66. 关于甄选技术的描述错误的是（　　）。
  A. 评价中心技术的可靠性最高　　B. 心理测验的公平度最高
  C. 面试的应用范围最广　　　　　D. 简历的可靠性最低

67. 根据员工与岗位的对应关系进行人力资源配置，通过人力资源管理过程中的各个环节来保证企业内各部门各岗位的人力资源质量，是人力资源的（　　）配置形式。
  A. 移动配置型
  B. 人岗关系型
  C. 流动配置型
  D. 动态配置型

68. 培训制度是由企业制定的，因此其主要目的在于调动员工参与培训的积极性，同时也使企业的培训活动系统化、规范化和（　　）。
  A. 制度化　　　B. 法治化　　　C. 人本化　　　D. 操作化

69. （　　）是由美国著名的职业指导专家埃德加·施恩教授提出的。
  A. 职业锚理论　　　　　　　　　B. 职业性向理论
  C. 职业发展理论　　　　　　　　D. 职业选择理论

70. 进行绩效目标修正时，企业应当制定专门的（　　），其中应当包含目标修正理由及修正后的目标等内容。
  A. 目标管理卡　　　　　　　　　B. 管理信息卡
  C. 目标修订报告　　　　　　　　D. 评估表

三、多项选择题（下列每题的选项中，至少有2个是正确的，请将其代号填在括号内。每题1分，共20分）

1. 胜任素质一般包括（　　）等。
  A. 门槛素质　　　　　　　　　　B. 竞争素质
  C. 差异素质　　　　　　　　　　D. 转化素质
  E. 普通素质

2. 人员甄选的内容是评估应聘者的个人素质，个人素质主要包括（　　）。
  A. 个性心理　　　　　　　　　　B. 知识与技能
  C. 工作经验　　　　　　　　　　D. 身体素质
  E. 教育经历

3. 甄选信度的误差来源包括（　　）等。
  A. 应聘者本身特征的影响　　　　B. 考官因素的影响
  C. 测评内容方面的影响　　　　　D. 实际测评环境的影响
  E. 应聘者反应方面因素的影响

4. 评价中心技术所考察的内容主要包括（　　）等。
  A. 管理技能　　　　　　　　　　B. 人际技能
  C. 领导能力　　　　　　　　　　D. 工作动机
  E. 个性特征

5. 人力资源配置的匹配原理是指（　　）。
   A. 个人与岗位匹配　　　　　　　B. 个人与团队匹配
   C. 个人与主管匹配　　　　　　　D. 个人与组织匹配
   E. 个人与职业生涯匹配

6. 入职培训制度通常包括意义和目的、适用范围、请假手续和补救措施、（　　）等。
   A. 入职培训的基本要求　　　　　B. 入职培训的基本方法和形式
   C. 入职培训期间的待遇　　　　　D. 实施主体和各层各部门的责任人
   E. 培训测评标准

7. 培训项目课程开发主要包括（　　）、课程故事的开发、课程互动环节的设计等环节。
   A. 课程内容的呈现　　　　　　　B. 课程的导入
   C. 课程脚本的设计　　　　　　　D. 课程视频的开发
   E. 课程的总结和回顾

8. 培训管理中运用到的现代学习迁移理论包括（　　）。
   A. 认知转化理论　　　　　　　　B. 成人学习理论
   C. 人岗匹配理论　　　　　　　　D. 自我管理理论
   E. 胜任素质理论

9. 职业生涯管理的特征包括（　　）等。
   A. 组织为其成员设计的职业计划
   B. 必须满足个人和组织的双重需要
   C. 一种动态管理
   D. 形式多样、涉及面广
   E. 必须引入外部专业机构帮助实施

10. 一个完整的培训项目目标包括三个基本的构成要素，即（　　）。
    A. 行为能力表现　　　　　　　　B. 行为发生的环境条件
    C. 行为的动机　　　　　　　　　D. 行为绩效标准
    E. 行为的准备过程

11. 绩效管理制度中的评估制度主要包括（　　）等内容。
    A. 评估指标的确定　　　　　　　B. 评估方法的选择
    C. 评估过程的操作流程　　　　　D. 评估计划
    E. 评估团队的构成

12. 绩效管理制度的设计步骤包括（　　）等。
    A. 成立制度设计工作组　　　　　B. 设计绩效管理制度
    C. 征求员工意见　　　　　　　　D. 进行绩效面谈
    E. 提交工会讨论

13. 绩效管理的评估技术问题包括（　　）等。
    A. 评估指标设计不合理　　　　　B. 评估标准界定不清
    C. 评估指标过于单一　　　　　　D. 评估指标有近因效应
    E. 评估指标多样化

14. 绩效目标实现过程中的变更包括（　　）等。
    A. 目标整体变更　　　　　　　　B. 目标局部变更
    C. 短期目标变更　　　　　　　　D. 长期目标变更
    E. 目标考核方法变更

15. 寻找影响绩效目标达成的因素可采用的方法有（　　）等。
    A. 5W1H 分析法　　　　　　　　B. PDCA 法
    C. 数据分析法　　　　　　　　　D. 访谈法
    E. 文献法

16. 薪酬的激励作用包括（　　）等。
    A. 维持和保障作用　　　　　　　B. 改善绩效作用
    C. 提高员工积极性作用　　　　　D. 提供灵活性作用
    E. 降低成本作用

17. 分配公平是指进行人力资源管理决策时应符合公平的要求，分配公平可分为（　　）等方面。
    A. 配分公平　　　　　　　　　　B. 自我公平
    C. 内部公平　　　　　　　　　　D. 外部公平
    E. 机会公平

18. 技能工资制的缺点主要包括（　　）等。
    A. 评估能力或技能比较困难
    B. 薪酬成本控制困难
    C. 高能力不一定给企业带来高价值
    D. 员工之间的竞争加剧
    E. 低技能工作没人愿意做

19. （　　）是影响岗位薪点工资制中工资率的主要因素。
    A. 企业所在行业的特征　　　　　B. 企业所在地区的生活水平
    C. 企业自身的经营状况　　　　　D. 企业财务支付能力
    E. 企业发展阶段

20. 企业选择弹性福利的主要原因包括控制激增的成本、符合员工的需求、（　　）等。
    A. 增进员工的士气　　　　　　　B. 增强员工忠诚度
    C. 提升员工的满意度　　　　　　D. 匹配竞争对手福利水平
    E. 合理避税

专业知识模拟试卷(一)参考答案

一、判断题

1. √ 2. × 3. √ 4. × 5. √ 6. √ 7. √ 8. √ 9. √ 10. ×
11. × 12. × 13. √ 14. √ 15. × 16. √ 17. × 18. √ 19. × 20. √
21. √ 22. × 23. × 24. × 25. √ 26. √ 27. × 28. × 29. × 30. ×
31. √ 32. × 33. √ 34. √ 35. × 36. √ 37. × 38. √ 39. × 40. √
41. √ 42. × 43. √ 44. × 45. √ 46. × 47. √ 48. × 49. √ 50. √
51. × 52. √ 53. × 54. √ 55. √ 56. × 57. √ 58. √ 59. × 60. ×
61. √ 62. √ 63. √ 64. √ 65. √ 66. √ 67. × 68. √ 69. √ 70. √
71. √ 72. √ 73. × 74. × 75. √ 76. √ 77. √ 78. √ 79. × 80. √
81. × 82. × 83. √ 84. √ 85. √ 86. √ 87. √ 88. × 89. × 90. ×

二、单项选择题

1. D 2. C 3. C 4. B 5. A 6. C 7. D 8. B 9. D 10. A 11. D
12. C 13. D 14. B 15. D 16. C 17. C 18. B 19. A 20. D 21. A
22. C 23. A 24. C 25. B 26. C 27. C 28. C 29. A 30. C 31. D
32. C 33. B 34. B 35. D 36. D 37. B 38. D 39. C 40. B 41. D
42. C 43. B 44. B 45. B 46. A 47. D 48. A 49. A 50. A 51. D
52. B 53. B 54. D 55. C 56. A 57. B 58. C 59. A 60. B 61. D 62. D
63. A 64. C 65. C 66. B 67. B 68. A 69. A 70. A

三、多项选择题

1. ACD 2. ABCD 3. ABCD 4. ABCDE 5. ABD 6. ABCD 7. ABCD
8. AD 9. ABCD 10. ABD 11. ABCD 12. ABC 13. ABC 14. AB 15. ACD
16. ABC 17. BCD 18. ABC 19. ABC 20. ABC

专业知识模拟试卷（二）

一、判断题（下列表述正确的请画"√"，错误的请画"×"。每题0.5分，共45分）

1. 有人根据波特对人力资源战略分类的思路，将企业战略划分为成本领先、技术领先和差异化三种战略。（   ）
2. 企业的预算方案制约着人力资源的行动方案。（   ）
3. 人力资源规划编制的原则之一是确保供给原则。（   ）
4. 编制人员配置计划的目的是描述企业未来的人员数量和素质构成。（   ）
5. 一般来说企业利润的变化与人力资源需求成反比例的关系。（   ）
6. 人力资源规划评价与控制过程的最后一个步骤是采取修正措施和应变手段。（   ）
7. 权变的组织设计思想以系统的、动态的观点来思考和设计组织。（   ）
8. 组织设计利益相关者是那些在过程中利益受到影响的个体和团队。（   ）
9. 组织诊断的实施阶段分为准备阶段、正式诊断阶段和改正阶段。（   ）
10. 泰勒的科学管理理论是以人为导向的工作设计的核心思想。（   ）
11. 工作专业化和工作丰富化是互补的两种工作再设计方法。（   ）
12. 人力资源流程再造包括组织结构优化和人力资源管理业务模块流程优化两个方面。（   ）
13. 人力资源管理费用主要包括招聘费用、培训费用和劳动争议处理费用等。（   ）
14. 员工的工作空间变大是电子化人力资源管理的实施效果之一。（   ）
15. 数字化转型和企业信息化其实是一个概念，但在信息化程度上有所不同。（   ）
16. 胜任素质中的门槛素质是用来分辨表现优秀与表现一般员工的关键因素。（   ）
17. 建立胜任素质模型的过程也是工作分析的过程。（   ）
18. 统一素质模型是一种针对管理和专业岗位的通用型胜任素质模型。（   ）
19. 选聘时要同时考察人与岗位，以及人与企业的匹配度。（   ）
20. 人员甄选包括测量和评价两个核心过程。（   ）
21. 甄选指标应该针对不同的岗位特点及对应聘者的要求，这是甄选指标体系设计原则中的明确性原则。（   ）
22. 选择甄选方法需要遵循的原则中，确保甄选方法的公平度是指每次测量的结果基本保持一致。（   ）
23. 行为描述性面试是一种采用专门设计的问题来了解应聘者过去在特定情况下行为的结构化面试方法。（   ）
24. 评价中心特别强调基于工作分析的情景模拟技术的应用。（   ）
25. 评价主观性强是评价中心技术的缺点之一，因此对考官的要求很高。（   ）
26. 管理游戏是一种以完成指定任务为目标的情景模拟测评方法。（   ）
27. 评价中心技术中的管理游戏一般适用于管理人员、销售或财务等关键职位的

招聘。（　　）

28. 合格人选的数量少于所要录用人员的数量时，可以降低录用标准，以获取足够的人员。（　　）

29. 人力资源配置中的个人与组织匹配是指个人与组织发展阶段之间的匹配度。（　　）

30. 人力资源柔性配置管理适用于企业发展中遇到的瓶颈问题和疑难杂症式任务。（　　）

31. 企业培训制度为培训活动提供一种制度性框架和依据，促使培训沿着制度化、规范化的轨道运行。（　　）

32. 培训体系的构建与管理工作纷繁庞杂，需要高层提供资源、方法、制度，培训部提供政策、方向和支持。（　　）

33. 培训项目运营计划是指一个培训项目向正常目标推进所需要制订的有预见性的进程性计划。（　　）

34. 技术人员培训的主要目的是增强其在产品技术方面的研发能力，加强团队管理与自我管理，提升产品的质量水平。（　　）

35. 培训课程开发与设计是影响培训开发成果转化的主要因素。（　　）

36. 无边界职业生涯的主要特点是员工已不再是在一个或两个组织中完成他们的终身职业生涯，而是在多个组织、多个部门、多个职业、多个岗位实现自己的职业生涯目标，而且这个移动包含着心理或主观移动。（　　）

37. 培训开发的组织结构模式中，虚拟模式的特点是节约培训开发成本、"量体裁衣"的自助式培训等。（　　）

38. 在培训项目目标设定的标准中，"受训者必须在产品说明书中介绍产品所有适应市场需要的商业特征，其中至少要说明它的三种用途"属于作业表现的表述。（　　）

39. 个人在培训中的学习水平经常与个人的能力相联系，能力较强的个人能够较好地完成培训任务，特别是那些复杂的、艰巨的任务。（　　）

40. 应用表单是将培训中的程序、课程、方法等内容用表单的形式提炼出来，便于受训者在工作中应用。（　　）

41. 绩效管理指标的贯彻执行必须保证绩效管理的科学性、合理性和公平性，剔除个人偏好等感情因素，这是绩效管理制度设计时应体现的民主性与透明性要求。（　　）

42. 企业平均工资水平发生变化是可以更新绩效管理制度内容的情况之一。（　　）

43. 绩效培训需求分析涉及制度、工作和人员三个层面。（　　）

44. 绩效评估只是绩效管理过程中的一个环节，绩效评估绝不等于绩效管理，完整的绩效管理包括绩效计划、绩效评估、绩效分析、绩效沟通与改进的系统管理活动。（　　）

45. 指标设计错误是绩效评估的评估者客观错误之一。（　　）

46. 当员工工作业绩出现问题时，如员工的工作行为或态度不符合标准而其自身尚未发觉时，管理者应及时给予员工提示和指导以纠正其不当行为或态度。（　　）

47. 戴明环包括计划、执行、检查、处理四个过程。（　　）

48. 当企业战略发展方向发生转变时需要进行绩效目标修正。（　　）

49. 绩效评估结果是对员工进行岗位调整的重要依据。（　　）
50. 进行绩效改进设计时，可以从行业因素和战略因素分析绩效管理体系是否符合企业现状。（　　）
51. 直线经理在绩效管理团队中承担绩效运行跟踪员的角色。（　　）
52. 绩效培训需求分析中对管理者的分析主要是指对照工作绩效标准分析管理者目前的绩效管理水平及胜任情况，找出管理者现状与标准的差距，以确定受训者、培训内容以及培训后需要达到的效果。（　　）
53. 领导情境理论中高工作／高关系属于指示型领导风格。（　　）
54. 在企业进行绩效评估结果分析时，分析内容包括是否有明显的考评误差出现、如果出现则是哪些误差、如何才能防止误差出现等。（　　）
55. 绩效改进不但要促进员工个人绩效改进，更重要的是要推动企业绩效改进。（　　）
56. 即便岗位价值相同，两个员工由于自身素质不同，也会导致价值回报不同，薪酬体系设计时要考虑如何体现这种差异。（　　）
57. 合理的薪酬制度要实现的目的包括确保企业内部的公平、吸引和保留人才、激励员工等。（　　）
58. 薪酬体系设计的分配公平是指内部公平、外部公平和自我公平。（　　）
59. 马斯洛需求层次理论将人的需求分为五个层次，从低到高分别为生理需求、安全需求、人际交往需求、尊重需求及自我实现需求。（　　）
60. 领先、滞后和灵活策略是主要的薪酬水平策略。（　　）
61. 薪酬结构策略是指企业向员工支付的总薪酬有哪些薪酬形式，这些薪酬形式之间是如何组合的。（　　）
62. 最常见的薪酬模式是基本工资加绩效，这样的薪酬模式能够将员工的收入等级和标准与个人工作价值及贡献要素相联系。（　　）
63. 个案谈判这种薪酬体系设计模式适用于所有岗位的薪酬设计。（　　）
64. 绩效工资制属于基于不同关注点的薪酬体系设计模式。（　　）
65. 薪酬沟通贯穿于企业薪酬管理的整个流程中，贯穿于薪酬方案由制定到实施、控制、调整的全过程。（　　）
66. 与岗位薪点工资制相比，岗位技能工资做到工资向一线关键岗位、科技管理岗位、技术岗位倾斜。（　　）
67. 谈判工资制是一种灵活反映企业经营状况和劳务市场供求状况的一种薪酬体系。（　　）
68. 胜任特征的薪酬体系一般包括工资、奖金和福利三部分。（　　）
69. 计件工资是最常见的一种个人绩效薪酬形式。（　　）
70. 附加型弹性福利是企业在现有的福利计划之外，向员工提供其他不同的福利措施或扩大原有福利项目的范围，让员工去选择。（　　）
71. 员工对其工作满意或不满意的程度，主要取决于客观上企业做得如何，而不是员工对企业的期望。（　　）
72. 如果用人单位内部劳动规则的内容不违反国家法律法规和规章制度的规定，而且

是经过职工代表大会或职工大会讨论通过且正式公布的，就可作为劳动争议处理机构处理劳动争议的参考依据。（　　）

73. 劳动者认为单位侵害隐私权等属于劳动纠纷。（　　）

74. 当事人申请劳动争议仲裁后，只能以仲裁决定的形式结束仲裁。（　　）

75. 劳动争议基层调解是指劳动争议基层调解组织受理争议案件后，按照相关法律规定及劳动合同约定的权利和义务，以中间人的身份进行调解，促使争议双方当事人相互谅解、达成合意的一种争议解决方式。（　　）

76. 劳动关系存续期间因拖欠劳动报酬发生争议的，劳动者申请仲裁不受1年的时效限制。（　　）

77. 如果与争议事项有关的证据属于用人单位掌握管理的，用人单位应当提供，用人单位不提供的，应当承担不利后果。（　　）

78. 劳动诉讼中，满足某些条件可以不执行"原告就被告"的原则。（　　）

79. 链式沟通是指依照组织结构划分，在同一部门的员工之间、同级别员工之间、同级别部门之间进行的沟通。（　　）

80. 当企业面临重大变革的时候，进行工作满意度调查的目的是了解员工的心态，一项革新的措施出台时如果调查结果显示员工普遍反对，这说明企业的变革就要取消。（　　）

81. 参与人力资源流程再造工程的人主要包括领导者和再造工程指导团。（　　）

82. 人力资源费用包括人工成本和员工福利支出。（　　）

83. 电子化人力资源管理需要处理好信息技术与管理理念的关系。（　　）

84. 胜任素质中的差异素质是指那些管理人员和员工都普遍缺乏的胜任素质。（　　）

85. 甄选除了招聘外在人力资源管理的其他方面也能用到，因此要明确招聘甄选的目的是区分应聘者是否与招聘岗位匹配，从而挑选最优者。（　　）

86. 行为描述性面试是基于行为的连贯性原理发展起来的面试方法。（　　）

87. 评价中心技术不适合在普通员工招聘中广泛使用，但是有些方法可以作为普通员工选聘的辅助验证手段。（　　）

88. 柔性管理的最大特点是在上级的指导和监管下，依靠权利平等、民主管理，从内心激发员工的潜力和创造精神。（　　）

89. 组织的职业生涯管理侧重于确定组织未来的人员需要、安排职业发展阶梯、评估员工的潜能、实施相关的培训与实践，进而建立有效的人员配置体系。（　　）

90. 绩效评估者在评估时仅选择一两个简短时段来测定而忽略评估对象的一贯表现，容易造成评估者的晕轮效应，影响评估结果。（　　）

二、单项选择题（下列每题的选项中，只有1个是正确的，请将其代号填在括号内。每题0.5分，共35分）

1. 人力资源行动方案受到（　　）的制约。
   A. 企业战略　　　　　　　　B. 企业经营计划
   C. 企业预算方案　　　　　　D. 企业人力资源规划

2. 企业的发展和员工的发展互相依托、互相促进是指人力资源规划编制的（　　）原则。

    A. 适应变化　　　B. 共同发展　　　C. 内外兼顾　　　D. 供需平衡
3. 成长型企业的人力资源发展战略着眼于（　　）。
    A. 优化员工队伍结构　　　　　B. 加强员工培训
    C. 扩大员工队伍规模　　　　　D. 加强中层管理团队
4. 根据迈尔斯和斯诺的企业战略类型划分，（　　）是处于稳定环境下的企业战略。
    A. 防御者型　　　B. 探险者型　　　C. 分析者型　　　D. 反应者型
5. 组织设计效果的评估主要包括对组织设计实现的结果进行评估和（　　）。
    A. 对组织设计的设计过程进行评估
    B. 对组织设计的实现过程进行评估
    C. 对组织设计的后续影响进行评估
    D. 对组织设计的市场反应进行评估
6. 组织诊断的原则包括调查原则、动态跟踪原则、系统原则、健康标准原则、（　　）等。
    A. 合理解释原则　　　　　　　B. 非系统原则
    C. 及时反馈原则　　　　　　　D. 全面分析原则
7. 在工作再设计方法中，（　　）可以降低对员工的技术要求，而且有利于节省培训费用。
    A. 工作轮换　　　B. 工作扩大化　　　C. 工作丰富化　　　D. 工作专业化
8. 流程再造的支撑点不包括（　　）。
    A. 高度发达的信息技术　　　　B. 高素质人才
    C. 充足的财务预算　　　　　　D. 畅通的信息沟通
9. 人力资源费用预算原则包括合法合理原则、客观准确原则、严肃认真原则和（　　）。
    A. 及时准确原则　　　　　　　B. 可行性原则
    C. 动态调整原则　　　　　　　D. 整体兼顾原则
10. 现有信息化程度中等的企业适用的人力资源管理信息系统是（　　）类型的信息系统。
    A. 资料库　　　B. 独立功能　　　C. 功能整合　　　D. 系统整合
11. （　　）是指那些一旦得到提高和改善，就会大大提高工作绩效的胜任素质。
    A. 门槛素质　　　B. 转化素质　　　C. 差异素质　　　D. 普遍素质
12. "心理契约"理论认为，在企业与其成员之间存在一种非正式且十分重要的契约，这种契约是指在员工之间及企业与成员之间存在的（　　）和"对义务的承诺与互惠"。
    A. 期望　　　B. 希望　　　C. 友情　　　D. 心理暗示
13. 甄选指标体系不可能也没有必要对所有素质特征都做出评价，要体现少而精的思想，这是人员甄选指标设计的（　　）原则的要求。
    A. 针对性　　　B. 明确性　　　C. 合理性　　　D. 精炼性
14. 所有的甄选方法中，（　　）的公平度最高。
    A. 简历和申请表分析　　　　　B. 知识测试
    C. 心理测验　　　　　　　　　D. 评价中心技术

15. 甄选方法选择的（　　）原则是指合适的甄选方法要具有良好的信度，每次测量的结果要基本保持一致。
    A. 可靠性　　　B. 公平性　　　C. 可用性　　　D. 合适性
16. 行为描述性面试样本选择的关键要素简称STAR，其中R是指（　　）。
    A. 结果　　　B. 可靠　　　C. 可实现　　　D. 合理
17. （　　）不属于常见的评价中心技术。
    A. 演讲　　　B. 角色扮演　　　C. 心理测评　　　D. 管理游戏
18. 评估候选人的协调力可以采用无领导小组讨论、角色扮演和（　　）等评价中心技术。
    A. 文件筐测验　　　　　　　B. 演讲
    C. 半结构化面试　　　　　　D. 结构化面试
19. 无领导小组讨论每一组人数不宜过低或过高，一般以（　　）人为宜。
    A. 3~4　　　B. 6~8　　　C. 8~10　　　D. 10~12
20. 外部环境的易变性和复杂性要求战略决策的出台必须快速，要求企业打破部门分工界限，实现职能和人员的快速组合，这是员工柔性配置管理的（　　）原则。
    A. 非强制性　　　B. 灵活性　　　C. 合作性　　　D. 匹配性
21. 管理、市场营销、变革顾问、职业咨询是人力资源培训与开发专业人员五角色理论中（　　）的角色任务。
    A. 分析/评估角色　　　　　　B. 开发角色
    C. 行政管理者角色　　　　　　D. 战略角色
22. 课程内容的呈现要能够充分调动受训者的兴趣，进行课程内容的（　　）和故事化设计是调动受训者兴趣的有效做法。
    A. 情节化　　　B. 游戏化　　　C. 信息化　　　D. 数字化
23. 培训成果转化的相关理论包括认知转化理论和（　　）。
    A. 情境领导理论　　　　　　B. 自我管理理论
    C. 人力资本理论　　　　　　D. 双因素理论
24. 组织特征对受训者（　　）、转化动机有显著的影响，越是绩效好的组织，受训者越相信自己的努力学习能够带来预期的回报，进而越有可能将培训所学应用到工作中，实现培训成果的有效转化。
    A. 学习动机　　　B. 自我效能　　　C. 积极心理　　　D. 成就感
25. 职业生涯发展通道中双通道发展模式的通道包括管理通道和（　　）通道。
    A. 职能　　　B. 业务　　　C. 专业技术　　　D. 职称
26. 培训制度具有指导培训工作的功能，要使具体的培训活动有章可循，培训制度的条款必须具体和明确，这体现了培训制度建设的（　　）原则。
    A. 战略性　　　B. 稳定性　　　C. 灵活性　　　D. 具体性
27. 企业对于外部讲师的选择要严格按照申请、（　　）、资格认证、评价、聘请的程序进行管控，使外部讲师的选择具有针对性、适用性和高效性。
    A. 电话沟通　　　B. 试讲　　　C. 熟人介绍　　　D. 简历筛选

28. 学习方式对培训成果转化有影响，有些学习者喜欢通过仔细公正的调查来学习，他们的学习关键在于"观察"，这种学习方式属于（   ）。
   A. 反思型   B. 理论型   C. 活动型   D. 应用型

29. 高绩效团队、风险任务、革新文化、质量文化对培训成果转化有显著的预测作用，这些属于影响培训成果转化的（   ）特征。
   A. 组织   B. 转化氛围   C. 管理   D. 文化

30. （   ）属于职业生涯选择理论。
   A. 职业性向理论   B. 职业生涯管理理论
   C. 职业生涯发展理论   D. 职业主动建构理论

31. 企业的绩效管理制度包括管理制度和（   ）两部分。
   A. 沟通机制   B. 晋升制度   C. 评估制度   D. 培训机制

32. 绩效管理制度的解释途径包括集中培训和（   ）等。
   A. 邮件群发   B. 部门传达   C. 公告   D. 作为制度的附件

33. 在绩效管理团队中，人力资源管理人员作为绩效评估和反馈中合作伙伴的角色，主要职责是（   ）。
   A. 认真仔细填写评估表
   B. 寻求并接受关于个人绩效的建设性反馈
   C. 培训自我管理的团队怎样提供反馈
   D. 准确理解绩效期望和评估标准

34. 领导情境理论的提出者之一是（   ）。
   A. 保罗·赫塞   B. 罗伯特·豪斯
   C. 爱德华兹   D. 麦克利兰

35. 绩效目标修正的原因是（   ）。
   A. 国家宏观政策调整   B. 企业组织结构发生变化
   C. 实现目标的方法需要调整   D. 企业内部重要人员流失

36. 在绩效管理实施过程中，评估指标要剔除个人偏好等感情因素，这体现了绩效管理制度设计的（   ）要求。
   A. 相关性和有效性   B. 明确性和具体性
   C. 公正性和客观性   D. 民主性和透明性

37. 绩效管理团队各角色中作为企业和员工之间桥梁的是（   ）。
   A. 总经理   B. 人力资源经理
   C. 直线经理   D. 员工

38. 360度评估在绩效评估过程中可以避免的错误是（   ）。
   A. 近因效应   B. 趋中效应   C. 个人偏见   D. 晕轮效应

39. 当面对结构模糊的任务或压力较大时，（   ）领导会得到更高的员工满意度。
   A. 指示型   B. 支持型   C. 成就指向型   D. 参与型

40. 绩效改进不可避免涉及资源投入、流程再造、推进变革等，在此情况下必须始终坚持效益观念，按照"打蛇打七寸"的思维，以尽可能少的资源投入创造最佳的改进效果，这符合绩效改进的（　　）原则。
A. 系统思维　　B. 结果导向　　C. 效益最佳　　D. 客户导向

41. 薪酬管理制度由企业的（　　）制定，并负责监督实施。
A. 管理层　　　　　　　　B. 人力资源部门
C. 财务部门　　　　　　　D. 部门经理

42. （　　）是指进行人力资源管理决策时应符合公平的要求。
A. 分配公平　B. 结果公平　C. 过程公平　D. 机会公平

43. 股票期权属于（　　）。
A. 固定薪酬　B. 变动薪酬　C. 长期薪酬　D. 内在薪酬

44. 基于参与主体和决定机制的薪酬体系设计模式包括（　　）。
A. 市场跟随模式　　　　　B. 员工自主模式
C. 专家咨询模式　　　　　D. 集体工资谈判模式

45. 薪酬决策的内容包括薪酬体系决策、薪酬水平决策、（　　）、薪酬管理过程决策等。
A. 薪酬涨幅决策　　　　　B. 薪酬结构决策
C. 薪酬项目决策　　　　　D. 薪酬目标决策

46. 销售人员薪酬体系的设计原则包括目标导向原则、（　　）、因地制宜原则、公平性原则、激励性原则。
A. 目标清晰原则　　　　　B. 方便沟通原则
C. 客户导向原则　　　　　D. 成本可控原则

47. 结构工资构成中，（　　）所占比重最大。
A. 基本工资　B. 岗位工资　C. 绩效工资　D. 职务工资

48. 在基于胜任特征的薪酬体系下，企业考核的重点是员工的素质、知识和技能，以及特定知识和技能对于企业的价值，在员工掌握的知识和技能不变的情况下，岗位调动对其本人的实际薪酬水平（　　）。
A. 没有影响　　　　　　　B. 产生次要影响
C. 影响很大　　　　　　　D. 影响不确定

49. A公司采用标准工时工资制，规定安装一台机器的标准工时是4小时，标准工资率是10元，一个工人用了5小时完成工作，那么他得到（　　）元工资。
A. 30　　　B. 40　　　C. 50　　　D. 60

50. （　　）属于经济性福利。
A. 交通性福利　　　　　　B. 咨询性福利
C. 保护性服务　　　　　　D. 工资环境保护

51. （　　）不属于劳动争议的处理原则。
A. 合法原则　B. 合理原则　C. 公正原则　D. 及时处理原则

52. 劳动争议处理机制包括①自行协商、②企业内调解、③仲裁、④诉讼，其先后次序是（　　）。
A. ①②③④　B. ②③①④　C. ②①③④　D. ④③②①

53. 依据现行劳动争议处理体制，（　　）是劳动争议案件的最后审理者，其劳动司法职能由民事审判庭承担。
   A. 劳动争议调解委员会　　　　B. 劳动争议仲裁委员会
   C. 法院　　　　　　　　　　　D. 工会

54. 劳动争议仲裁原则不包括（　　）。
   A. 先行调解原则　　　　　　　B. 少数服从多数原则
   C. 及时原则　　　　　　　　　D. 保密原则

55. 处理（　　）人以上集体劳动人事争议或有重大影响的争议案件等应由3名仲裁员组成仲裁庭，设首席仲裁员。
   A. 3　　　B. 5　　　C. 10　　　D. 20

56. 被申请人收到仲裁申请书副本后，应当在（　　）日内向仲裁委员会提交答辩书。
   A. 5　　　B. 7　　　C. 10　　　D. 14

57. 用人单位不服的，可以自收到仲裁裁决书之日起（　　）日内向仲裁委员会所在地的中级人民法院申请撤销裁决。
   A. 10　　B. 15　　C. 20　　D. 30

58. 信息发布者一级一级逐一向下传播，属于沟通方法中的（　　）。
   A. 轮式沟通　　B. 纵向沟通　　C. 链式沟通　　D. 全通道式沟通

59. 实施员工工作满意度调查对企业的作用包括（　　）。
   A. 预防和监控作用
   B. 识别优秀人才
   C. 对管理报告提供有力的数据支持
   D. 员工晋升、转岗的参考因素

60. 基层工会组织可以撤销，撤销时应当报告（　　）。
   A. 董事会　　　　　　　　　　B. 劳动行政管理部门
   C. 上一级工会　　　　　　　　D. 职工代表大会

61. （　　）不是人力资源规划的主要功能。
   A. 实现人力资源管理职能　　　B. 帮助企业降低人工成本
   C. 确定人员供给计划　　　　　D. 充分调动员工积极性

62. 企业经营状况制约人力资源规划的编制，所涉及的企业经营状况不包括（　　）。
   A. 研究开发水平　　　　　　　B. 企业管理水平
   C. 财务状况　　　　　　　　　D. 人力资源结构

63. （　　）不属于组织设计的影响因素。
   A. 环境的影响　　　　　　　　B. 战略的影响
   C. 技术的影响　　　　　　　　D. 资金的影响

64. 根据哈佛大学格瑞纳教授的企业生命周期理论，（　　）出现官僚化。
   A. 创业阶段　　　　　　　　　B. 集合阶段
   C. 规范化阶段　　　　　　　　D. 精细阶段

65. （　　）不属于组织诊断中的组织分析的内容。
   A. 关系分析　　　　　　　　B. 结果分析
   C. 职能分析　　　　　　　　D. 运行分析
66. 发生在组织层次的工作再设计叫（　　）。
   A. 企业流程再造　　　　　　B. 企业重组
   C. 缓解工作压力　　　　　　D. 组织结构重组
67. 人力资源数字化转型包括打造数字化工作场所、打造数字化人力资源运营和（　　）三大场景。
   A. 打造数字化分析工具　　　B. 打造数字化决策体系
   C. 打造数字化管理工具　　　D. 打造数字化沟通机制
68. 《劳动合同法》规定，非全日制用工的发薪周期为（　　）。
   A. 1 个月　　B. 15 天　　C. 每周　　D. 根据合同约定
69. 影响测评效度的误差来源包括应聘者反应方面的影响因素、测评过程中干扰的影响因素和（　　）等。
   A. 应聘者本身特征　　　　　B. 考官的影响因素
   C. 测评构成方面的影响因素　D. 测试内容方面的影响因素
70. 在培训成果转化的转化氛围因素中，结果因素包括积极反馈、消极反馈、零反馈和（　　）反馈。
   A. 奖励　　B. 激励　　C. 惩罚　　D. 晋升

三、多项选择题（下列每题的选项中，至少有 2 个是正确的，请将其代号填在括号内。每题 1 分，共 20 分）

1. 胜任素质模型在招聘管理中的应用主要表现在（　　）等方面。
   A. 工作分析　　　　　　　　B. 录用决策
   C. 薪酬确定　　　　　　　　D. 面试设计
   E. 心理测评设计
2. 人员甄选分筹备、策划和实施三个阶段，其中策划阶段的工作主要包括（　　）等。
   A. 组建考官团队　　　　　　B. 确定甄选指标体系
   C. 设计甄选方案　　　　　　D. 开发甄选试题
   E. 培训考官团队
3. 关于行为描述性面试的描述正确的是（　　）。
   A. 行为描述性面试采用了行为事件访谈技术
   B. 行为描述性面试的效度比传统的心理测验要低
   C. 行为描述性面试假设人的行为是一致的
   D. 行为描述性面试也称为结构化面试
   E. 过去的行为可以预测未来的行为
4. 评价中心常用的方法包括无领导小组讨论、（　　）等。
   A. 公文处理　　　　　　　　B. 角色扮演
   C. 管理游戏　　　　　　　　D. 案例分析

E. 知识测验

5. 人员晋升的原则包括（　　）。
   A. 德才兼备、选贤任能原则　　B. 动态调整原则
   C. 机会均等、用人所长原则　　D. 有系统、有计划原则
   E. 系统和非系统结合原则

6. 培训制度体系是指能够直接影响和作用于组织培训系统及其活动的各种（　　）的总和。
   A. 法律　　　　　　　　　　　B. 规章
   C. 制度　　　　　　　　　　　D. 政策
   E. 文化

7. 培训者、设计者、创新者、顾问和管理者中，需要具备开阔视野、灵活思维，具有相关经验、敢于承担风险和责任等素质的是（　　）。
   A. 培训者　　　　　　　　　　B. 设计者
   C. 顾问　　　　　　　　　　　D. 管理者
   E. 创新者

8. 关于认知转化理论的描述正确的是（　　）。
   A. 强调要注意培训开发知识与受训人员原有知识和经验的衔接
   B. 新知识与同化它的原有观念系统的可分辨程度越高，越有利于新知识的学习
   C. 认知结构中可用来起固定作用的适当观念越多，越有利于培训成果转化
   D. 受训者自行控制新技能在工作中的运用越多，越有利于培训成果转化
   E. 认知结构中可用来起固定作用的适当观念越多，越不利于培训成果转化

9. 职业生涯管理是指企业通过帮助员工制定职业生涯规划和帮助其职业生涯发展的一系列活动，以竭力满足（　　）需要的一个动态过程。
   A. 员工　　　　　　　　　　　B. 企业
   C. 部门　　　　　　　　　　　D. 业务
   E. 管理者

10. 在美国培训与开发协会的关于培训与开发专业人员的研究中，战略角色应承担的角色任务有（　　）等。
    A. 管理　　　　　　　　　　　B. 市场营销
    C. 项目设计　　　　　　　　　D. 评价
    E. 变革顾问

11. 绩效管理制度中的管理制度主要包括（　　）等。
    A. 各类人员承担的职责　　　　B. 如何分工
    C. 应遵循的原则　　　　　　　D. 评估方法的选择和确定
    E. 评估过程如何管理

12. 绩效管理制度解释的原则包括（　　）等。
    A. 目标统一原则　　　　　　　B. 长远发展原则
    C. 清楚准确原则　　　　　　　D. 系统解释原则

E. SMART 原则

13. （　　）属于绩效评估风险中的评估者主观错误。
    A. 暗示效应　　　　　　　　B. 偏见定势错误
    C. 指标设计错误　　　　　　D. 严格或宽松错误
    E. 评估技术使用不当

14. 绩效目标实现过程中的变更原因包括（　　）等。
    A. 国家宏观政策调整　　　　B. 企业战略发展方向转变
    C. 企业组织结构发生变化　　D. 企业员工能力不足
    E. 企业内部重要人员流失

15. 企业的绩效管理制度包括（　　）等。
    A. 沟通机制　　　　　　　　B. 晋升制度
    C. 评估制度　　　　　　　　D. 培训机制
    E. 管理制度

16. 企业中薪酬的决定性因素主要包括（　　）等。
    A. 支付能力　　　　　　　　B. 岗位价值
    C. 岗位胜任力　　　　　　　D. 员工意愿度
    E. 绩效表现

17. 薪酬结构模式包括（　　）等。
    A. 高弹性薪酬模式　　　　　B. 高稳定薪酬模式
    C. 高动态薪酬模式　　　　　D. 高灵活薪酬模式
    E. 多样型薪酬模式

18. （　　）不属于基于参与主体和决定机制的薪酬体系设计模式。
    A. 个案谈判模式　　　　　　B. 市场调研模式
    C. 企业领导拍板模式　　　　D. 行业标杆模式
    E. 绩效工资模式

19. 结构工资制的构成一般包括岗位工资和（　　）等。
    A. 基本工资　　　　　　　　B. 绩效工资
    C. 工龄工资　　　　　　　　D. 学历工资
    E. 计件工资

20. 弹性福利计划的常见形式包括（　　）等。
    A. 弹性专用账户式福利　　　B. 自助式福利
    C. 附加型弹性福利　　　　　D. 核心加选择型福利
    E. 多选模式

专业知识模拟试卷（二）参考答案

一、判断题

1. ×　2. √　3. √　4. √　5. ×　6. √　7. √　8. √　9. ×　10. ×
11. ×　12. √　13. √　14. √　15. ×　16. ×　17. √　18. ×　19. √　20. √
21. ×　22. ×　23. √　24. √　25. √　26. √　27. √　28. ×　29. √　30. √
31. √　32. ×　33. √　34. √　35. ×　36. √　37. √　38. ×　39. √　40. ×
41. ×　42. ×　43. ×　44. √　45. ×　46. √　47. √　48. ×　49. √　50. √
51. ×　52. √　53. ×　54. √　55. √　56. √　57. √　58. √　59. √　60. ×
61. ×　62. √　63. ×　64. √　65. √　66. √　67. √　68. √　69. √　70. √
71. ×　72. √　73. ×　74. ×　75. √　76. √　77. √　78. √　79. ×　80. ×
81. √　82. ×　83. √　84. ×　85. ×　86. √　87. √　88. ×　89. √　90. √

二、单项选择题

1. C　2. B　3. C　4. A　5. B　6. B　7. D　8. C　9. D　10. B　11. B　12. A
13. D　14. D　15. A　16. A　17. C　18. C　19. B　20. B　21. D　22. A　23. B
24. A　25. C　26. D　27. B　28. A　29. A　30. A　31. C　32. D　33. C　34. A
35. C　36. C　37. C　38. C　39. A　40. C　41. B　42. A　43. C　44. C　45. B
46. D　47. B　48. A　49. B　50. A　51. B　52. A　53. C　54. D　55. C　56. C
57. D　58. C　59. A　60. C　61. C　62. D　63. D　64. C　65. B　66. B　67. B
68. B　69. C　70. C

三、多项选择题

1. AB　2. BCDE　3. ACDE　4. ABCD　5. ACD　6. ABCD　7. CE　8. ABC
9. ABE　10. ABE　11. ABC　12. ABD　13. ABD　14. ABCE　15. CE　16. BCE
17. AB　18. BDE　19. ABCD　20. ABCD

专业操作模拟试卷

一、项目策划一（30分）

背景资料

明江建工股份有限公司是一家具有建筑施工壹级资质的民营企业，业务范围主要集中在房地产开发、建材生产和工程设计等领域。随着市场竞争的日趋激烈，近几年公司的产值和利润都开始下降，于是公司向新型装配式建筑领域转型升级，以期应对面临的经营问题。

目前，人力资源部人员很多是从其他部门转岗而来且年龄偏大，平时主要处理一些事务性的人事工作，很多事情做到哪里算哪里，常常忙得焦头烂额。他们对公司新业务转型缺乏有效认识，许多工作等相关业务部门提出要求后才开展，支持配合业务工作滞后。

随着业务转型升级，公司对新型装配式建筑领域相关的技术人才需求大增，人力资源部于是开始进行相关人才的招聘，但招聘中发现该领域的技术人才相当缺乏。人力资源部对装配式建筑领域相关人才之前没有储备和关注，也缺乏有效的招聘渠道，通过网络发布招聘信息收到的简历不多，在较短时间内很难招到合适的人才；通过内部进行人才招聘时，由于员工对业务转型情况不了解，学习新技术的意愿不强，公司内部也缺乏系统的人才培养发展制度体系，很多员工怕转到新岗位后不能适应反而得不偿失，响应者寥寥无几，导致公司业务转型发展遇到人才供给的瓶颈。

同时，新业务部门建立后进行管理人员配置时，发现符合条件的管理人员缺乏，公司一方面没有针对性的储备人才机制，另一方面缺乏领导力培训体系。为了完成新业务部门管理人员配置任务，只能从现有管理人员中选拔，但有些管理人员不能胜任岗位要求，对技术人才的管理方法简单粗暴，导致一些新引进的技术人员非常反感，问题反映到了公司高层，人力资源部面对这些情况也是束手无策。

问题

1. 该公司业务转型升级中人力资源管理存在哪些问题？（12分）
2. 如果你是该公司人力资源经理，将如何解决人力资源管理问题？（18分）

二、项目策划二（30分）

背景资料

汉鼎公司是一家大型工业控制设备制造企业，产品在行业内处于领先水平。公司管理层为了提高产品竞争力，计划在接下来的3年内不断扩大产能，将市场份额提高10%。为了实现既定的市场份额目标，公司采取不惜代价广招人才的政策，招募了大量外部人才。有些新招的员工是市场上的紧缺人才，工资给少了不来，迫于来自业务部门人手短缺、急需招人的压力，人力资源部只得在招聘时根据新人的薪酬要求确定其薪酬水平。

一段时间之后，公司的薪酬矛盾日益显现。同级同职的新老员工在沟通中发现薪酬上居然相差2 000～3 000元。有些新员工的薪酬明显高于行业内的最高水平，但工作绩效却还不如老员工。这让一些与公司一起成长起来的老员工，特别是核心员工心理失衡。很多部门老员工的薪酬水平低于市场水平，公司曾承诺效益好了会提高大家的薪酬，但迟迟没有兑现，而现在与新员工比薪酬又差距明显，这就导致这些老员工士气低落，工作效率急剧下降，新老员工的关系僵化，工作配合度低，彼此抱怨不断。一部分新员工因为工作得不到老员工的支持而离职，同时一些老员工也因看不惯公司做法而离职。

薪酬问题让人力资源部陷入进退两难的境地：把薪酬明显偏高的部分降下来，但担心高薪员工不满，产生离职现象并带来劳动用工风险；如果直接总体涨薪，不仅起不到激励作用，也会造成公司人力成本过高。

问题

1. 该公司在薪酬管理方面存在哪些问题？（12分）
2. 如果你是该公司人力资源经理，将如何改进薪酬体系？（18分）

三、案例分析一（20分）

背景资料

宇航科技有限公司是一家人工智能芯片制造企业，公司设有研发部、人事行政部、生产管理部、技术支持部、各生产组装车间等部门。产品具有较显著的特色，在行业中有一定的知名度。2022年，公司经营规模又上了一个新台阶。公司决定加快进入海外市场，走国际化道路，加大产品研发，丰富产品类型，建立新的销售模式，让公司保持持续增长。

公司总经理要求人力资源部马上行动，借助猎头服务从知名的大公司中用高薪模式挖取一批优秀人才组建新的业务部门或补充到原来的部门中，并特别关照要重点吸引有留学经历的人才。于是人力资源部把招聘重心放在具有留学背景或外企背景并愿意派往世界各地的人员。由于候选人总量不是很多，可选择余地不大，人力资源部经过简单面试选择了一批善于沟通的候选人，谈好薪酬条件即录用上岗。

3个月不到，人力资源部完成了招聘工作，公司拥有了不同国际化背景的人才，然而公司的一些老员工私下议论纷纷，认为招聘来的员工中有些人虽然工作能力比较强，但看不起原来的员工，工作中协调配合度不够，也有些人适应能力不足，很难较快适应工作要求。新招录的负责公司海外销售的副总监原来是在外企负责国际贸易的，对芯片行业不太熟悉，国外销售渠道很不畅通，他一直抱怨公司产品和员工能力不足，导致海外市场迟迟未能打开。由于人力资源配置问题，公司海外市场的开拓变得步履维艰。

问题

1. 该公司的招聘管理存在什么问题？（8分）
2. 请针对此次招聘中的问题提出改进措施。（12分）

四、案例分析二（20分）

背景资料

宇环仪器设备制造有限公司是一家主营电子产品生产与销售的企业，这10年来公司发展较为迅速，建立了一家分公司和两个分厂，员工从10多人发展到现在的400余人，研发的产品有30多种，其中一些产品远销国外。公司不断优化自己的生产模式，一方面专门引进了更加先进的生产技术和生产设备，另一方面业务扩大后也招聘了很多新员工补充人力资源的不足，以期进一步扩大生产，提升公司的产品竞争力，并为进一步开拓国外市场做准备。

为了应对新的变化，人力资源部积极推动培训的实施，邀请外部的培训机构参与公司培训方案的讨论，并以该培训机构提供的受其客户欢迎的培训课程为基础，编制了详细的培训方案，方案中既包括培训机构推荐的外部管理培训课程，又包括一些公司内部培训课程，主要针对新员工，让他们尽快融入公司的业务团队。培训的形式较为多样，有课堂培训、素质拓展等，对生产技术方面的培训采用的是在线课程，同时对培训时间提出了明确的要求，要求每个员工每年必须参加一定时间的培训。此外，公司为了进一步开拓国际市场，为一些核心员工提供了费用不菲的国外进修机会。

然而一年下来，员工对培训的反馈呈两极化：有些员工觉得通过在线课程进行技术培训对自己帮助不大、浪费时间；有些部门经理觉得公司花了钱，但新员工的绩效没有实质性提高；有些国外进修的员工收获满满，也成了竞争对手的重点关注对象，致使多名核心员工跳槽。

问题

1. 该公司培训工作存在哪些问题？（8分）
2. 请为该公司提出改进培训工作的建议。（12分）

专业操作模拟试卷参考答案

一、项目策划一（30分）

1. 存在的问题

（1）缺乏基于公司转型的人力资源规划，人力资源管理体系不完善。（3分）

（2）招聘管理、培训管理缺乏有效体系。（3分）

（3）缺乏中层管理人才的接班人计划，内部培训不足，关键人才短缺。（3分）

（4）人力资源管理专业性不足，管理定位不清，管理能力薄弱。（3分）

2. 解决措施

（1）深入分析公司发展战略需求，完善管理制度，进行人力资源规划。（4分）

（2）建立完善的招聘和培训体系，增强人才招聘和储备的效果。（4分）

（3）加强人才培训，制订接班人计划，做好中层管理人员的储备。（4分）

（4）提升人力资源部管理专业性，招录专业人才，同时进行内部人员专业培训。（6分）

二、项目策划二（30分）

1. 存在的问题

（1）薪酬体系设计不合理，缺乏明确的薪酬制度和统一的薪酬标准。（3分）

（2）薪酬缺乏对外竞争性，不少岗位薪酬明显低于市场水平。（3分）

（3）薪酬缺乏对内公平性，在招聘时根据新人的薪酬要求确定其薪酬水平，没有进行岗位评估。（3分）

（4）薪酬缺乏对员工的激励性，在薪酬中没有体现绩效结果。（3分）

2. 改进措施

（1）结合公司发展战略，从公司长远发展角度确定薪酬策略，通过与员工进行充分的薪酬沟通，健全薪酬制度。（5分）

（2）开展外部市场薪酬调研，基于薪酬策略确定薪酬水平，提高薪酬的外部竞争性。（4分）

（3）进行工作分析和岗位评估，确定相对岗位价值和对企业的贡献度，体现薪酬的内部公平性。（4分）

（4）将薪酬与绩效挂钩，以绩效为导向，保障薪酬对员工的激励作用。（5分）

三、案例分析一（20分）

1. 存在的问题

（1）招聘岗位没有胜任标准。没有进行工作分析，未建立明确的任职资格或岗位胜任素质模型，导致招聘没有统一的标准。（2分）

（2）招聘渠道单一。没有采取内外部招聘渠道，导致候选人数量、质量有欠缺，并缺乏对老员工的激励。（2分）

（3）人员甄选流程与方法不科学。缺乏甄选指标体系和测评方法的组合，甄选内容

过于简单。招聘中甄选指标采用统一标准的形式，缺乏针对性、合理性，影响了招聘的效果。（2分）

（4）外部新进人员缺乏入职培训，没有进行相关专业技能和岗位能力提升的培训。（2分）

2. 改进措施

（1）根据公司发展战略，进行工作分析和任职资格（或胜任模型）的确定，明确招录人员标准和条件。（3分）

（2）完善招聘渠道。内部与外部招聘相结合，内部招聘在公司范围内发布招募需求，不但为岗位挑选合适人才，也在公司内部起到积极的影响。（3分）

（3）严格人员甄选流程，确定甄选指标体系。开发甄选测评试题，进行测评实施。结合评价中心技术综合评价，选拔合适的人选。（3分）

（4）完善新员工入职培训。开展岗位技能要求和企业文化方面的培训。（3分）

四、案例分析二（20分）

1. 存在的问题

（1）没有结合公司发展战略进行培训需求调研与分析，缺乏明确的培训目标。（2分）

（2）培训管理制度与政策不完善，培训的内容和形式不够合理。（2分）

（3）缺乏培训过程管理、培训结果应用和培训投资的有效风险控制。（2分）

（4）培训效果的评估缺失。（2分）

2. 改进措施

（1）根据公司发展战略，着重进行培训现状与需求调研，从组织、任务和员工层面进行培训需求分析。（3分）

（2）结合公司培训需求分析结果编制公司培训计划，确定培训目标和内容，设计培训课程，选择培训方式。（3分）

（3）建立完善的培训管理制度，并就投入较大的培训项目与培训对象签订培训协议。（3分）

（4）加强培训过程的控制与评估，增强培训效果。（3分）